全国普法学习读本

>>>>> 节能减排法律法规学习读本 <<<<<

节约能源综合法律法规

加大全民普法力度，建设社会主义法治文化，树立宪法法律
至上、法律面前人人平等的法治理念。

—— 中国共产党第十九次全国代表大会《决胜全面建
成小康社会 夺取新时代中国特色社会主义伟大胜利》

王金锋 主编

汕头大学出版社

图书在版编目（CIP）数据

节约能源综合法律法规／王金锋主编. -- 汕头：
汕头大学出版社（2021 . 7 重印）
（节能减排法律法规学习读本）
ISBN 978-7-5658-2961-1

Ⅰ.①节… Ⅱ.①王… Ⅲ.①节能减排-能源法-基
本知识-中国 Ⅳ.①D922.604

中国版本图书馆 CIP 数据核字（2018）第 035682 号

节约能源综合法律法规　　JIEYUE NENGYUAN ZONGHE FALÜ FAGUI

主　　编：王金锋
责任编辑：邹　峰
责任技编：黄东生
封面设计：大华文苑
出版发行：汕头大学出版社
　　　　　广东省汕头市大学路 243 号汕头大学校园内　　邮政编码：515063
电　　话：0754-82904613
印　　刷：三河市南阳印刷有限公司
开　　本：690mm×960mm 1/16
印　　张：18
字　　数：226 千字
版　　次：2018 年 5 月第 1 版
印　　次：2021 年 7 月第 2 次印刷
定　　价：59.60 元（全 2 册）
ISBN 978-7-5658-2961-1

前　言

习近平总书记指出："推进全民守法，必须着力增强全民法治观念。要坚持把全民普法和守法作为依法治国的长期基础性工作，采取有力措施加强法制宣传教育。要坚持法治教育从娃娃抓起，把法治教育纳入国民教育体系和精神文明创建内容，由易到难、循序渐进不断增强青少年的规则意识。要健全公民和组织守法信用记录，完善守法诚信褒奖机制和违法失信行为惩戒机制，形成守法光荣、违法可耻的社会氛围，使遵法守法成为全体人民共同追求和自觉行动。"

中共中央、国务院曾经转发了中央宣传部、司法部关于在公民中开展法治宣传教育的规划，并发出通知，要求各地区各部门结合实际认真贯彻执行。通知指出，全民普法和守法是依法治国的长期基础性工作。深入开展法治宣传教育，是全面建成小康社会和新农村的重要保障。

普法规划指出：各地区各部门要根据实际需要，从不同群体的特点出发，因地制宜开展有特色的法治宣传教育坚持集中法治宣传教育与经常性法治宣传教育相结合，深化法律进机关、进乡村、进社区、进学校、进企业、进单位的"法律六进"主题活动，完善工作标准，建立长效机制。

特别是农业、农村和农民问题，始终是关系党和人民事业发展的全局性和根本性问题。党中央、国务院发布的《关于推进社会主义新农村建设的若干意见》中明确提出要"加强农村法制建设，深入开展农村普法教育，增强农民的法制观念，提高农民依法行使权利和履行义务的自觉性。"多年普法实践证明，普及法律知识，提高法制观念，增强全社会依法办事意识具有重要作用。特别是在广大农村进行普法教育，是提高全民法律素质的需要。

多年来，我国在农村实行的改革开放取得了极大成功，农村发生了翻天覆地的变化，广大农民生活水平大大得到了提高。但是，由于历史和社会等原因，现阶段我国一些地区农民文化素质还不高，不学法、不懂法、不守法现象虽然较原来有所改变，但仍有相当一部分群众的法制观念仍很淡化，不懂、不愿借助法律来保护自身权益，这就极易受到不法的侵害，或极易进行违法犯罪活动，严重阻碍了全面建成小康社会和新农村步伐。

为此，根据党和政府的指示精神以及普法规划，特别是根据广大农村农民的现状，在有关部门和专家的指导下，特别编辑了这套《全国普法学习读本》。主要包括了广大人民群众应知应懂、实际实用的法律法规。为了辅导学习，附录还收入了相应法律法规的条例准则、实施细则、解读解答、案例分析等；同时为了突出法律法规的实际实用特点，兼顾地方性和特殊性，附录还收入了部分某些地方性法律法规以及非法律法规的政策文件、管理制度、应用表格等内容，拓展了本书的知识范围，使法律法规更"接地气"，便于读者学习掌握和实际应用。

在众多法律法规中，我们通过甄别，淘汰了废止的，精选了最新的、权威的和全面的。但有部分法律法规有些条款不适应当下情况了，却没有颁布新的，我们又不能擅自改动，只得保留原有条款，但附录却有相应的补充修改意见或通知等。众多法律法规根据不同内容和受众特点，经过归类组合，优化配套。整套普法读本非常全面系统，具有很强的学习性、实用性和指导性，非常适合用于广大农村和城乡普法学习教育与实践指导。总之，是全国全民普法的良好读本。

目　录

中华人民共和国节约能源法

节能低碳技术推广管理暂行办法

节能监察办法

中华人民共和国节约能源法

中华人民共和国主席令

第四十八号

　　《全国人民代表大会常务委员会关于修改〈中华人民共和国节约能源法〉等六部法律的决定》已由中华人民共和国第十二届全国人民代表大会常务委员会第二十一次会议于 2016 年 7 月 2 日通过，现予公布。

　　《全国人民代表大会常务委员会关于修改〈中华人民共和国节约能源法〉等六部法律的决定》对《中华人民共和国节约能源法》、《中华人民共和国水法》、《中华人民共和国防洪法》、《中华人民共和国职业病防治法》、《中华人民共和国航道法》所作的修改，自公布之日起施行；对《中华人民共和国环境影响评价法》所作的修改，自 2016 年 9 月 1 日起施行。

中华人民共和国主席　习近平

2016 年 7 月 2 日

　　(1997 年 11 月 1 日第八届全国人民代表大会常务委员会第二十八次会议通过；根据 2007 年 10 月 28 口第十届全

国人民代表大会常务委员会第三十次会议修订；根据 2016 年 7 月 2 日第十二届全国人民代表大会常务委员会第二十一次会议通过的《全国人民代表大会常务委员会关于修改〈中华人民共和国节约能源法〉等六部法律的决定》修改)

第一章　总　则

第一条　为了推动全社会节约能源，提高能源利用效率，保护和改善环境，促进经济社会全面协调可持续发展，制定本法。

第二条　本法所称能源，是指煤炭、石油、天然气、生物质能和电力、热力以及其他直接或者通过加工、转换而取得有用能的各种资源。

第三条　本法所称节约能源（以下简称节能），是指加强用能管理，采取技术上可行、经济上合理以及环境和社会可以承受的措施，从能源生产到消费的各个环节，降低消耗、减少损失和污染物排放、制止浪费，有效、合理地利用能源。

第四条　节约资源是我国的基本国策。国家实施节约与开发并举、把节约放在首位的能源发展战略。

第五条　国务院和县级以上地方各级人民政府应当将节能工作纳入国民经济和社会发展规划、年度计划，并组织编制和实施节能中长期专项规划、年度节能计划。

国务院和县级以上地方各级人民政府每年向本级人民代表大会或者其常务委员会报告节能工作。

第六条　国家实行节能目标责任制和节能考核评价制度，将节能目标完成情况作为对地方人民政府及其负责人考核评价的内容。

省、自治区、直辖市人民政府每年向国务院报告节能目标责任的履行情况。

第七条　国家实行有利于节能和环境保护的产业政策，限制发展高耗能、高污染行业，发展节能环保型产业。

国务院和省、自治区、直辖市人民政府应当加强节能工作，合理调整产业结构、企业结构、产品结构和能源消费结构，推动企业降低单位产值能耗和单位产品能耗，淘汰落后的生产能力，改进能源的开发、加工、转换、输送、储存和供应，提高能源利用效率。

国家鼓励、支持开发和利用新能源、可再生能源。

第八条　国家鼓励、支持节能科学技术的研究、开发、示范和推广，促进节能技术创新与进步。

国家开展节能宣传和教育，将节能知识纳入国民教育和培训体系，普及节能科学知识，增强全民的节能意识，提倡节约型的消费方式。

第九条　任何单位和个人都应当依法履行节能义务，有权检举浪费能源的行为。

新闻媒体应当宣传节能法律、法规和政策，发挥舆论监督作用。

第十条　国务院管理节能工作的部门主管全国的节能监督管理工作。国务院有关部门在各自的职责范围内负责节能监督管理工作，并接受国务院管理节能工作的部门的指导。

县级以上地方各级人民政府管理节能工作的部门负责本行政区域内的节能监督管理工作。县级以上地方各级人民政府有关部门在各自的职责范围内负责节能监督管理工作，并接受同级管理节能工作的部门的指导。

第二章　节能管理

第十一条　国务院和县级以上地方各级人民政府应当加强对节能工作的领导，部署、协调、监督、检查、推动节能工作。

第十二条　县级以上人民政府管理节能工作的部门和有关部门应当在各自的职责范围内，加强对节能法律、法规和节能标准执行情况的监督检查，依法查处违法用能行为。

履行节能监督管理职责不得向监督管理对象收取费用。

第十三条 国务院标准化主管部门和国务院有关部门依法组织制定并适时修订有关节能的国家标准、行业标准，建立健全节能标准体系。

国务院标准化主管部门会同国务院管理节能工作的部门和国务院有关部门制定强制性的用能产品、设备能源效率标准和生产过程中耗能高的产品的单位产品能耗限额标准。

国家鼓励企业制定严于国家标准、行业标准的企业节能标准。

省、自治区、直辖市制定严于强制性国家标准、行业标准的地方节能标准，由省、自治区、直辖市人民政府报经国务院批准；本法另有规定的除外。

第十四条 建筑节能的国家标准、行业标准由国务院建设主管部门组织制定，并依照法定程序发布。

省、自治区、直辖市人民政府建设主管部门可以根据本地实际情况，制定严于国家标准或者行业标准的地方建筑节能标准，并报国务院标准化主管部门和国务院建设主管部门备案。

第十五条 国家实行固定资产投资项目节能评估和审查制度。不符合强制性节能标准的项目，建设单位不得开工建设；已经建成的，不得投入生产、使用。政府投资项目不符合强制性节能标准的，依法负责项目审批的机关不得批准建设。具体办法由国务院管理节能工作的部门会同国务院有关部门制定。

第十六条 国家对落后的耗能过高的用能产品、设备和生产工艺实行淘汰制度。淘汰的用能产品、设备、生产工艺的目录和实施办法，由国务院管理节能工作的部门会同国务院有关部门制定并公布。

生产过程中耗能高的产品的生产单位，应当执行单位产品能耗限额标准。对超过单位产品能耗限额标准用能的生产单位，由管理节能工作的部门按照国务院规定的权限责令限期治理。

对高耗能的特种设备，按照国务院的规定实行节能审查和监管。

第十七条 禁止生产、进口、销售国家明令淘汰或者不符合强制性能源效率标准的用能产品、设备；禁止使用国家明令淘汰的用能设备、生产工艺。

第十八条 国家对家用电器等使用面广、耗能量大的用能产品，实行能源效率标识管理。实行能源效率标识管理的产品目录和实施办法，由国务院管理节能工作的部门会同国务院产品质量监督部门制定并公布。

第十九条 生产者和进口商应当对列入国家能源效率标识管理产品目录的用能产品标注能源效率标识，在产品包装物上或者说明书中予以说明，并按照规定报国务院产品质量监督部门和国务院管理节能工作的部门共同授权的机构备案。

生产者和进口商应当对其标注的能源效率标识及相关信息的准确性负责。禁止销售应当标注而未标注能源效率标识的产品。

禁止伪造、冒用能源效率标识或者利用能源效率标识进行虚假宣传。

第二十条 用能产品的生产者、销售者，可以根据自愿原则，按照国家有关节能产品认证的规定，向经国务院认证认可监督管理部门认可的从事节能产品认证的机构提出节能产品认证申请；经认证合格后，取得节能产品认证证书，可以在用能产品或者其包装物上使用节能产品认证标志。

禁止使用伪造的节能产品认证标志或者冒用节能产品认证标志。

第二十一条 县级以上各级人民政府统计部门应当会同同级有关部门，建立健全能源统计制度，完善能源统计指标体系，改进和规范能源统计方法，确保能源统计数据真实、完整。

国务院统计部门会同国务院管理节能工作的部门，定期向社会公布各省、自治区、直辖市以及主要耗能行业的能源消费和节能情况等信息。

第二十二条 国家鼓励节能服务机构的发展，支持节能服务机构开展节能咨询、设计、评估、检测、审计、认证等服务。

国家支持节能服务机构开展节能知识宣传和节能技术培训，提供节能信息、节能示范和其他公益性节能服务。

第二十三条 国家鼓励行业协会在行业节能规划、节能标准的制定和实施、节能技术推广、能源消费统计、节能宣传培训和信息咨询等方面发挥作用。

第三章　合理使用与节约能源

第一节　一般规定

第二十四条 用能单位应当按照合理用能的原则，加强节能管理，制定并实施节能计划和节能技术措施，降低能源消耗。

第二十五条 用能单位应当建立节能目标责任制，对节能工作取得成绩的集体、个人给予奖励。

第二十六条 用能单位应当定期开展节能教育和岗位节能培训。

第二十七条 用能单位应当加强能源计量管理，按照规定配备和使用经依法检定合格的能源计量器具。

用能单位应当建立能源消费统计和能源利用状况分析制度，对各类能源的消费实行分类计量和统计，并确保能源消费统计数据真实、完整。

第二十八条 能源生产经营单位不得向本单位职工无偿提供能源。任何单位不得对能源消费实行包费制。

第二节　工业节能

第二十九条 国务院和省、自治区、直辖市人民政府推进能源资源优化开发利用和合理配置，推进有利于节能的行业结构调整，优化用能结构和企业布局。

第三十条 国务院管理节能工作的部门会同国务院有关部门制定电力、钢铁、有色金属、建材、石油加工、化工、煤炭等主要耗能行业的节能技术政策，推动企业节能技术改造。

第三十一条 国家鼓励工业企业采用高效、节能的电动机、锅炉、窑炉、风机、泵类等设备，采用热电联产、余热余压利用、洁净煤以及先进的用能监测和控制等技术。

第三十二条 电网企业应当按照国务院有关部门制定的节能发电调度管理的规定，安排清洁、高效和符合规定的热电联产、利用余热余压发电的机组以及其他符合资源综合利用规定的发电机组与电网并网运行，上网电价执行国家有关规定。

第三十三条 禁止新建不符合国家规定的燃煤发电机组、燃油发电机组和燃煤热电机组。

第三节　建筑节能

第三十四条 国务院建设主管部门负责全国建筑节能的监督管理工作。

县级以上地方各级人民政府建设主管部门负责本行政区域内建筑节能的监督管理工作。

县级以上地方各级人民政府建设主管部门会同同级管理节能工作的部门编制本行政区域内的建筑节能规划。建筑节能规划应当包括既有建筑节能改造计划。

第三十五条 建筑工程的建设、设计、施工和监理单位应当遵守建筑节能标准。

不符合建筑节能标准的建筑工程，建设主管部门不得批准开工建设；已经开工建设的，应当责令停止施工、限期改正；已经建成的，不得销售或者使用。

建设主管部门应当加强对在建建筑工程执行建筑节能标准情况

的监督检查。

第三十六条 房地产开发企业在销售房屋时，应当向购买人明示所售房屋的节能措施、保温工程保修期等信息，在房屋买卖合同、质量保证书和使用说明书中载明，并对其真实性、准确性负责。

第三十七条 使用空调采暖、制冷的公共建筑应当实行室内温度控制制度。具体办法由国务院建设主管部门制定。

第三十八条 国家采取措施，对实行集中供热的建筑分步骤实行供热分户计量、按照用热量收费的制度。新建建筑或者对既有建筑进行节能改造，应当按照规定安装用热计量装置、室内温度调控装置和供热系统调控装置。具体办法由国务院建设主管部门会同国务院有关部门制定。

第三十九条 县级以上地方各级人民政府有关部门应当加强城市节约用电管理，严格控制公用设施和大型建筑物装饰性景观照明的能耗。

第四十条 国家鼓励在新建建筑和既有建筑节能改造中使用新型墙体材料等节能建筑材料和节能设备，安装和使用太阳能等可再生能源利用系统。

第四节 交通运输节能

第四十一条 国务院有关交通运输主管部门按照各自的职责负责全国交通运输相关领域的节能监督管理工作。

国务院有关交通运输主管部门会同国务院管理节能工作的部门分别制定相关领域的节能规划。

第四十二条 国务院及其有关部门指导、促进各种交通运输方式协调发展和有效衔接，优化交通运输结构，建设节能型综合交通运输体系。

第四十三条 县级以上地方各级人民政府应当优先发展公共交通，加大对公共交通的投入，完善公共交通服务体系，鼓励利用公共交通工具出行；鼓励使用非机动交通工具出行。

第四十四条 国务院有关交通运输主管部门应当加强交通运输组织管理，引导道路、水路、航空运输企业提高运输组织化程度和集约化水平，提高能源利用效率。

第四十五条 国家鼓励开发、生产、使用节能环保型汽车、摩托车、铁路机车车辆、船舶和其他交通运输工具，实行老旧交通运输工具的报废、更新制度。

国家鼓励开发和推广应用交通运输工具使用的清洁燃料、石油替代燃料。

第四十六条 国务院有关部门制定交通运输营运车船的燃料消耗量限值标准；不符合标准的，不得用于营运。

国务院有关交通运输主管部门应当加强对交通运输营运车船燃料消耗检测的监督管理。

第五节 公共机构节能

第四十七条 公共机构应当厉行节约，杜绝浪费，带头使用节能产品、设备，提高能源利用效率。

本法所称公共机构，是指全部或者部分使用财政性资金的国家机关、事业单位和团体组织。

第四十八条 国务院和县级以上地方各级人民政府管理机关事务工作的机构会同同级有关部门制定和组织实施本级公共机构节能规划。公共机构节能规划应当包括公共机构既有建筑节能改造计划。

第四十九条 公共机构应当制定年度节能目标和实施方案，加强能源消费计量和监测管理，向本级人民政府管理机关事务工作的机构报送上年度的能源消费状况报告。

国务院和县级以上地方各级人民政府管理机关事务工作的机构会同同级有关部门按照管理权限，制定本级公共机构的能源消耗定额，财政部门根据该定额制定能源消耗支出标准。

第五十条　公共机构应当加强本单位用能系统管理，保证用能系统的运行符合国家相关标准。

公共机构应当按照规定进行能源审计，并根据能源审计结果采取提高能源利用效率的措施。

第五十一条　公共机构采购用能产品、设备，应当优先采购列入节能产品、设备政府采购名录中的产品、设备。禁止采购国家明令淘汰的用能产品、设备。

节能产品、设备政府采购名录由省级以上人民政府的政府采购监督管理部门会同同级有关部门制定并公布。

第六节　重点用能单位节能

第五十二条　国家加强对重点用能单位的节能管理。

下列用能单位为重点用能单位：

（一）年综合能源消费总量一万吨标准煤以上的用能单位；

（二）国务院有关部门或者省、自治区、直辖市人民政府管理节能工作的部门指定的年综合能源消费总量五千吨以上不满一万吨标准煤的用能单位。

重点用能单位节能管理办法，由国务院管理节能工作的部门会同国务院有关部门制定。

第五十三条　重点用能单位应当每年向管理节能工作的部门报送上年度的能源利用状况报告。能源利用状况包括能源消费情况、能源利用效率、节能目标完成情况和节能效益分析、节能措施等内容。

第五十四条　管理节能工作的部门应当对重点用能单位报送的能源利用状况报告进行审查。对节能管理制度不健全、节能措施不落实、能源利用效率低的重点用能单位，管理节能工作的部门应当开展现场调查，组织实施用能设备能源效率检测，责令实施能源审计，并提出书面整改要求，限期整改。

第五十五条　重点用能单位应当设立能源管理岗位，在具有节能专业知识、实际经验以及中级以上技术职称的人员中聘任能源管理负责人，并报管理节能工作的部门和有关部门备案。

能源管理负责人负责组织对本单位用能状况进行分析、评价，组织编写本单位能源利用状况报告，提出本单位节能工作的改进措施并组织实施。

能源管理负责人应当接受节能培训。

第四章 节能技术进步

第五十六条 国务院管理节能工作的部门会同国务院科技主管部门发布节能技术政策大纲，指导节能技术研究、开发和推广应用。

第五十七条 县级以上各级人民政府应当把节能技术研究开发作为政府科技投入的重点领域，支持科研单位和企业开展节能技术应用研究，制定节能标准，开发节能共性和关键技术，促进节能技术创新与成果转化。

第五十八条 国务院管理节能工作的部门会同国务院有关部门制定并公布节能技术、节能产品的推广目录，引导用能单位和个人使用先进的节能技术、节能产品。

国务院管理节能工作的部门会同国务院有关部门组织实施重大节能科研项目、节能示范项目、重点节能工程。

第五十九条 县级以上各级人民政府应当按照因地制宜、多能互补、综合利用、讲求效益的原则，加强农业和农村节能工作，增加对农业和农村节能技术、节能产品推广应用的资金投入。

农业、科技等有关主管部门应当支持、推广在农业生产、农产品加工储运等方面应用节能技术和节能产品，鼓励更新和淘汰高耗能的农业机械和渔业船舶。

国家鼓励、支持在农村大力发展沼气，推广生物质能、太阳能和风能等可再生能源利用技术，按照科学规划、有序开发的原则发展小型水力发电，推广节能型的农村住宅和炉灶等，鼓励利用非耕地种植能源植物，大力发展薪炭林等能源林。

第五章　激励措施

第六十条　中央财政和省级地方财政安排节能专项资金，支持节能技术研究开发、节能技术和产品的示范与推广、重点节能工程的实施、节能宣传培训、信息服务和表彰奖励等。

第六十一条　国家对生产、使用列入本法第五十八条规定的推广目录的需要支持的节能技术、节能产品，实行税收优惠等扶持政策。

国家通过财政补贴支持节能照明器具等节能产品的推广和使用。

第六十二条　国家实行有利于节约能源资源的税收政策，健全能源矿产资源有偿使用制度，促进能源资源的节约及其开采利用水平的提高。

第六十三条　国家运用税收等政策，鼓励先进节能技术、设备的进口，控制在生产过程中耗能高、污染重的产品的出口。

第六十四条　政府采购监督管理部门会同有关部门制定节能产品、设备政府采购名录，应当优先列入取得节能产品认证证书的产品、设备。

第六十五条　国家引导金融机构增加对节能项目的信贷支持，为符合条件的节能技术研究开发、节能产品生产以及节能技术改造等项目提供优惠贷款。

国家推动和引导社会有关方面加大对节能的资金投入，加快节能技术改造。

第六十六条　国家实行有利于节能的价格政策，引导用能单位和个人节能。

国家运用财税、价格等政策，支持推广电力需求侧管理、合同能源管理、节能自愿协议等节能办法。

国家实行峰谷分时电价、季节性电价、可中断负荷电价制度，鼓励电力用户合理调整用电负荷；对钢铁、有色金属、建材、化工和其他主要耗能行业的企业，分淘汰、限制、允许和鼓励类实行差别电价政策。

第六十七条 各级人民政府对在节能管理、节能科学技术研究和推广应用中有显著成绩以及检举严重浪费能源行为的单位和个人，给予表彰和奖励。

第六章 法律责任

第六十八条 负责审批政府投资项目的机关违反本法规定，对不符合强制性节能标准的项目予以批准建设的，对直接负责的主管人员和其他直接责任人员依法给予处分。

固定资产投资项目建设单位开工建设不符合强制性节能标准的项目或者将该项目投入生产、使用的，由管理节能工作的部门责令停止建设或者停止生产、使用，限期改造；不能改造或者逾期不改造的生产性项目，由管理节能工作的部门报请本级人民政府按照国务院规定的权限责令关闭。

第六十九条 生产、进口、销售国家明令淘汰的用能产品、设备的，使用伪造的节能产品认证标志或者冒用节能产品认证标志的，依照《中华人民共和国产品质量法》的规定处罚。

第七十条 生产、进口、销售不符合强制性能源效率标准的用能产品、设备的，由产品质量监督部门责令停止生产、进口、销售，没收违法生产、进口、销售的用能产品、设备和违法所得，并处违法所得一倍以上五倍以下罚款；情节严重的，由工商行政管理部门吊销营业执照。

第七十一条 使用国家明令淘汰的用能设备或者生产工艺的，由管理节能工作的部门责令停止使用，没收国家明令淘汰的用能设备；情节严重的，可以由管理节能工作的部门提出意见，报请本级人民政府按照国务院规定的权限责令停业整顿或者关闭。

第七十二条 生产单位超过单位产品能耗限额标准用能，情节严重，经限期治理逾期不治理或者没有达到治理要求的，可以由管理节能工作的部门提出意见，报请本级人民政府按照国务院规定的权限责令停业整顿或者关闭。

第七十三条 违反本法规定，应当标注能源效率标识而未标注的，由产品质量监督部门责令改正，处三万元以上五万元以下罚款。

违反本法规定，未办理能源效率标识备案，或者使用的能源效率标识不符合规定的，由产品质量监督部门责令限期改正；逾期不改正的，处一万元以上三万元以下罚款。

伪造、冒用能源效率标识或者利用能源效率标识进行虚假宣传的，由产品质量监督部门责令改正，处五万元以上十万元以下罚款；情节严重的，由工商行政管理部门吊销营业执照。

第七十四条 用能单位未按照规定配备、使用能源计量器具的，由产品质量监督部门责令限期改正；逾期不改正的，处一万元以上五万元以下罚款。

第七十五条 瞒报、伪造、篡改能源统计资料或者编造虚假能源统计数据的，依照《中华人民共和国统计法》的规定处罚。

第七十六条 从事节能咨询、设计、评估、检测、审计、认证等服务的机构提供虚假信息的，由管理节能工作的部门责令改正，没收违法所得，并处五万元以上十万元以下罚款。

第七十七条 违反本法规定，无偿向本单位职工提供能源或者对能源消费实行包费制的，由管理节能工作的部门责令限期改正；逾期不改正的，处五万元以上二十万元以下罚款。

第七十八条 电网企业未按照本法规定安排符合规定的热电联产和利用余热余压发电的机组与电网并网运行，或者未执行国家有关上网电价规定的，由国家电力监管机构责令改正；造成发电企业经济损失的，依法承担赔偿责任。

第七十九条 建设单位违反建筑节能标准的，由建设主管部门责令改正，处二十万元以上五十万元以下罚款。

设计单位、施工单位、监理单位违反建筑节能标准的，由建设主管部门责令改正，处十万元以上五十万元以下罚款；情节严重的，由颁发资质证书的部门降低资质等级或者吊销资质证书；造成损失的，依法承担赔偿责任。

第八十条 房地产开发企业违反本法规定，在销售房屋时未向购买人明示所售房屋的节能措施、保温工程保修期等信息的，由建设主管部门责令限期改正，逾期不改正的，处三万元以上五万元以下罚款；对以上信息作虚假宣传的，由建设主管部门责令改正，处五万元以上二十万元以下罚款。

第八十一条 公共机构采购用能产品、设备，未优先采购列入节能产品、设备政府采购名录中的产品、设备，或者采购国家明令淘汰的用能产品、设备的，由政府采购监督管理部门给予警告，可以并处罚款；对直接负责的主管人员和其他直接责任人员依法给予处分，并予通报。

第八十二条 重点用能单位未按照本法规定报送能源利用状况报告或者报告内容不实的，由管理节能工作的部门责令限期改正；逾期不改正的，处一万元以上五万元以下罚款。

第八十三条 重点用能单位无正当理由拒不落实本法第五十四条规定的整改要求或者整改没有达到要求的，由管理节能工作的部门处十万元以上三十万元以下罚款。

第八十四条 重点用能单位未按照本法规定设立能源管理岗位，聘任能源管理负责人，并报管理节能工作的部门和有关部门备案的，由管理节能工作的部门责令改正；拒不改正的，处一万元以上三万元以下罚款。

第八十五条 违反本法规定，构成犯罪的，依法追究刑事责任。

第八十六条 国家工作人员在节能管理工作中滥用职权、玩忽职守、徇私舞弊，构成犯罪的，依法追究刑事责任；尚不构成犯罪的，依法给予处分。

第七章　附　则

第八十七条 本法自 2008 年 4 月 1 日起施行。

附 录

"十三五"节能减排综合工作方案

国务院关于印发"十三五"节能减排综合工作方案的通知

国发〔2016〕74号

各省、自治区、直辖市人民政府，国务院各部委、各直属机构：

现将《"十三五"节能减排综合工作方案》印发给你们，请结合本地区、本部门实际，认真贯彻执行。

一、"十二五"节能减排工作取得显著成效。各地区、各部门认真贯彻落实党中央、国务院决策部署，把节能减排作为优化经济结构、推动绿色循环低碳发展、加快生态文明建设的重要抓手和突破口，各项工作积极有序推进。"十二五"时期，全国单位国内生产总值能耗降低18.4%，化学需氧量、二氧化硫、氨氮、氮氧化物等主要污染物排放总量分别减少12.9%、18%、13%和18.6%，超额完成节能减排预定目标任务，为经济结构调整、环境改善、应对全球气候变化作出了重要贡献。

二、充分认识做好"十三五"节能减排工作的重要性和紧迫性。当前，我国经济发展进入新常态，产业结构优化明显加快，能源消费增速放缓，资源性、高耗能、高排放产业发展逐渐衰减。但必须清醒认识到，随着工业化、城镇化进程加快和消费结构持续升级，我国能源需求刚性增长，资源环境问题仍是制约我国经济社会发展的瓶颈之一，节能减排依然形势严峻、任务艰巨。各地区、各部门不能有丝毫放松和懈怠，要进一步把思想和行动统一到党中央、国务院决策部署上来，下更大决心，用更大气力，采取更有效的政策措施，切实将节能减排工作推向深入。

三、坚持政府主导、企业主体、市场驱动、社会参与的工作格局。要切实发挥政府主导作用，综合运用经济、法律、技术和必要的行政手段，着力健全激励约束机制，落实地方各级人民政府对本行政区域节能减排负总责、政府主要领导是第一责任人的工作要求。要进一步明确企业主体责任，严格执行节能环保法律法规和标准，细化和完善管理措施，落实节能减排目标任务。要充分发挥市场机制作用，加大市场化机制推广力度，真正把节能减排转化为企业和各类社会主体的内在要求。要努力增强全体公民的资源节约和环境保护意识，实施全民节能行动，形成全社会共同参与、共同促进节能减排的良好氛围。

四、加强对节能减排工作的组织领导。要严格落实目标责任，国务院每年组织开展省级人民政府节能减排目标责任评价考核，将考核结果作为领导班子和领导干部年度考核、目标责任考核、绩效考核、任职考察、换届考察的重要内容。发挥国家应对气候变化及节能减排工作领导小组的统筹协调作用，国家发展改革委负责承担领导小组的具体工作，切实加强节能减排工作的综合协调，组织推动节能降耗工作；环境保护部主要承担污染减排方面的工作；国务院国资委要切实加强对国有企业节能减排的监督考核工作；国家统计局负责加强能源统计和监测工作；其他各有关部门要切实履行职责，密切协调配合。各省级人民政府要立即部署本地区"十三五"节能减排工作，进一步明确相关部门责任、分工和进度要求。

各地区、各部门和中央企业要按照本通知的要求，结合实际抓紧制定具体实施方案，明确目标责任，狠抓贯彻落实，强化考核问责，确保实现"十三五"节能减排目标。

国务院
2016 年 12 月 20 日

一、总体要求和目标

（一）总体要求。全面贯彻党的十八大和十八届三中、四中、五中、六中全会精神，深入贯彻习近平总书记系列重要讲话精神，认真落实党中央、国务院决策部署，紧紧围绕"五位一体"总体布局和"四个全面"战略布局，牢固树立创新、协调、绿色、开放、共享的发展理念，落实节约资源和保护环境基本国策，以提高能源利用效率和改善生态环境质量为目标，以推进供给侧结构性改革和实施创新驱动发展战略为动力，坚持政府主导、企业主体、市场驱动、社会参与，加快建设资源节约型、环境友好型社会，确保完成"十三五"节能减排约束性目标，保障人民群众健康和经济社会可持续发展，促进经济转型升级，实现经济发展与环境改善双赢，为建设生态文明提供有力支撑。

（二）主要目标。到 2020 年，全国万元国内生产总值能耗比 2015 年下降 15%，能源消费总量控制在 50 亿吨标准煤以内。全国化学需氧量、氨氮、二氧化硫、氮氧化物排放总量分别控制在 2001 万吨、207 万吨、1580 万吨、1574 万吨以内，比 2015 年分别下降 10%、10%、15% 和 15%。全国挥发性有机物排放总量比 2015 年下降 10% 以上。

二、优化产业和能源结构

（三）促进传统产业转型升级。深入实施"中国制造 2025"，深化制造业与互联网融合发展，促进制造业高端化、智能化、绿色化、服务化。构建绿色制造体系，推进产品全生命周期绿色管理，不断优化工业产品结构。支持重点行业改造升级，鼓励企业瞄准国际同行业标杆全面提高产品技术、工艺装备、能效环保等水平。严禁以任何名义、任何方式核准或备案产能严重过剩行业的增加产能项目。强化节能环保标准约束，严格行业规范、准入管理和节能审查，对电力、钢铁、建材、有色、化工、石油石化、船舶、煤炭、印染、造纸、制革、染料、焦化、电镀等行业中，环保、能耗、安全等不达标或生产、使用淘汰类产品的企业和产能，要依法依规有序退出。（牵头单位：国家发展改革委、工业和信息化部、环境保护部、国家能源局，参加单位：科技部、财政部、国务院国资委、质检总局、国家海洋局等）

（四）加快新兴产业发展。加快发展壮大新一代信息技术、高端装备、新材料、生物、新能源、新能源汽车、节能环保、数字创意等战略性新兴产业，推动新领域、新技术、新产品、新业态、新模式蓬勃发展。进一步推广云计算技术应用，新建大型云计算数据中心能源利用效率（PUE）值优于 1.5。支持技术装备和服务模式创新。鼓励发展节能环保技术咨询、系统设计、设备制造、工程施工、运营管理、计量检测认证等专业化服务。开展节能环保产业常规调查统计。打造一批节能环保产业基地，培育一批具有国际竞争力的大型节能环保企业。到 2020 年，战略性新兴产业增加值和服务业增加值占国内生产总值比重分别提高到 15% 和 56%，节能环保、新能源装备、新能源汽车等绿色低碳产业总产值突破 10 万亿元，成为支柱产业。（牵头单位：国家发展改革委、工业和信息化部、环境保护部，参加单位：科技部、质检总局、国家统计局、国家能源局等）

（五）推动能源结构优化。加强煤炭安全绿色开发和清洁高效利用，推广使用优质煤、洁净型煤，推进煤改气、煤改电，鼓励利用可再生能源、天然气、电力等优质能源替代燃煤使用。因地制宜发展海岛太阳能、海上风能、潮汐能、波浪能等可再生能源。安全发展核电，有序发展水电和天然气发电，协调推进风电开发，推动太阳能大规模发展和多元化利用，增加清洁低碳电力供应。对超出规划部分可再生能源消费量，不纳入能耗总量和强度目标考核。在居民采暖、工业与农业生产、港口码头等领域推进天然气、电能替代，减少散烧煤和燃油消费。到 2020 年，煤炭占能源消费总量比重下降到 58%以下，电煤占煤炭消费量比重提高到 55%以上，非化石能源占能源消费总量比重达到 15%，天然气消费比重提高到 10%左右。（牵头单位：国家发展改革委、环境保护部、国家能源局，参加单位：工业和信息化部、住房城乡建设部、交通运输部、水利部、质检总局、国家统计局、国管局、国家海洋局等）

三、加强重点领域节能

（六）加强工业节能。实施工业能效赶超行动，加强高能耗行业能耗管控，在重点耗能行业全面推行能效对标，推进工业企业能源管控中心建设，推广工业智能化用能监测和诊断技术。到 2020 年，工业能源利用效率和清洁化水平显著提高，规模以上工业企业单位增加值能耗比 2015 年降低 18%以上，电力、钢铁、有色、建材、石油石化、化工等重点耗能行业能源利用效率达到或接近世界先进水平。推进新一代信息技术与制造技术融合发展，提升工业生产效率和能耗效率。开展工业领域电力需求侧管理专项行动，推动可再生能源在工业园区的应用，将可再生能源占比指标纳入工业园区考核体系。（牵头单位：工业和信息化部、国家发展改革委、国家能源局，参加单位：科技部、环境保护部、质检总局等）

（七）强化建筑节能。实施建筑节能先进标准领跑行动，开展超低能耗及近零能耗建筑建设试点，推广建筑屋顶分布式光伏发电。编制绿色建筑建设标准，开展绿色生态城区建设示范，到 2020 年，城镇绿色建筑面积占新建建筑面积比重提高到 50%。实施绿色建筑全产业链发展计划，推行绿色施工方式，推广节能绿色建材、装配式和钢结构建筑。强化既有居住建筑节能改造，实施改造面积 5 亿平方米以上，2020 年前基本完成北方采暖地区有改造价值城镇居住建筑的节能改造。推动建筑节能宜居综合改造试点城市建设，鼓励老旧住宅节能改造与抗震加固改造、加装电梯等适老化改造同步实施，完成公共建筑节能改造面积 1 亿平方米以上。推进利用太阳能、浅层地热能、空气热能、工业余热等解决建筑用能需求。（牵头单位：住房城乡建设部，参加单位：国家发展改革委、工业和信息化部、国家林业局、国管局、中直管理局等）

（八）促进交通运输节能。加快推进综合交通运输体系建设，发挥不同运输方式的比较优势和组合效率，推广甩挂运输等先进组织模式，提高多式联运比重。大力发展公共交通，推进"公交都市"创建活动，到 2020 年大城市公共交通分担率达到 30%。促进交通用能清洁化，大力推广节能环保汽车、新能源汽车、天然气（CNG/LNG）清洁能源汽车、液化天然气动力船舶等，并支持相关配套设施建设。提高交通运输工具能效水平，到 2020 年新增乘用车平均燃料消耗量降至 5.0 升/百公里。推进飞机辅助动力装置（APU）替代、机场地面车辆"油改电"、新能源应用等绿色民航项目实施。推动铁路编组站制冷/供暖系统的节能和燃煤替代改造。推动交通运输智能化，建立公众出行和物流平台信息服务系统，引导培育"共享型"交通运输模式。（牵头单位：交通运输部、国家发展改革委、国家能源局，参加单位：科技部、工业和信息化部、环境保护部、国管局、中国民航局、中直管理局、中国铁路总公司等）

（九）推动商贸流通领域节能。推动零售、批发、餐饮、住宿、物流等企业建设能源管理体系，建立绿色节能低碳运营管理流程和机制，加快淘汰落后用能设备，推动照明、制冷和供热系统节能改造。贯彻绿色商场标准，开展绿色商场示范，鼓励商贸流通企业设置绿色产品专柜，推动大型商贸企业实施绿色供应链管理。完善绿色饭店标准体系，推进绿色饭店建设。加快绿色仓储建设，支持仓储设施利用太阳能等清洁能源，鼓励建设绿色物流园区。（牵头单位：商务部，参加单位：国家发展改革委、工业和信息化部、住房

城乡建设部、质检总局、国家旅游局等）

（十）推进农业农村节能。加快淘汰老旧农业机械，推广农用节能机械、设备和渔船，发展节能农业大棚。推进节能及绿色农房建设，结合农村危房改造稳步推进农房节能及绿色化改造，推动城镇燃气管网向农村延伸和省柴节煤灶更新换代，因地制宜采用生物质能、太阳能、空气热能、浅层地热能等解决农房采暖、炊事、生活热水等用能需求，提升农村能源利用的清洁化水平。鼓励使用生物质可再生能源，推广液化石油气等商品能源。到 2020 年，全国农村地区基本实现稳定可靠的供电服务全覆盖，鼓励农村居民使用高效节能电器。（牵头单位：农业部、国家发展改革委、工业和信息化部、国家能源局，参加单位：科技部、住房城乡建设部等）

（十一）加强公共机构节能。公共机构率先执行绿色建筑标准，新建建筑全部达到绿色建筑标准。推进公共机构以合同能源管理方式实施节能改造，积极推进政府购买合同能源管理服务，探索用能托管模式。2020 年公共机构单位建筑面积能耗和人均能耗分别比 2015 年降低 10% 和 11%。推动公共机构建立能耗基准和公开能源资源消费信息。实施公共机构节能试点示范，创建 3000 家节约型公共机构示范单位，遴选 200 家能效领跑者。公共机构率先淘汰老旧车，率先采购使用节能和新能源汽车，中央国家机关、新能源汽车推广应用城市的政府部门及公共机构购买新能源汽车占当年配备更新车辆总量的比例提高到 50% 以上，新建和既有停车场要配备电动汽车充电设施或预留充电设施安装条件。公共机构率先淘汰采暖锅炉、茶浴炉、食堂大灶等燃煤设施，实施以电代煤、以气代煤，率先使用太阳能、地热能、空气能等清洁能源提供供电、供热/制冷服务。（牵头单位：国管局、国家发展改革委，参加单位：工业和信息化部、环境保护部、住房城乡建设部、交通运输部、国家能源局、中直管理局等）

（十二）强化重点用能单位节能管理。开展重点用能单位"百千万"行动，按照属地管理和分级管理相结合原则，国家、省、地市分别对"百家"、"千家"、"万家"重点用能单位进行目标责任评价考核。重点用能单位要围绕能耗总量控制和能效目标，对用能实行年度预算管理。推动重点用能单位建设能源管理体系并开展效果评价，健全能源消费台账。按标准要求配备能源计量器具，进一步完善能源计量体系。依法开展能源审计，组织实施能源绩效评价，开展达标对标和节能自愿活动，采取企业节能自愿承诺和政府适当引导相结合的方式，大力提升重点用能单位能效水平。严格执行能源统计、能源利用状况报告、能源管理岗位和能源管理负责人等制度。（牵头单位：国家发展改革委，参加单位：教育部、工业和信息化部、住房城乡建设部、交通运输部、国务院国资委、质检总局、国家统计局、国管局、国家能源局、中直管理局等）

（十三）强化重点用能设备节能管理。加强高耗能特种设备节能审查和监管，构建安全、节能、环保三位一体的监管体系。组织开展燃煤锅炉节能减排攻坚战，推进锅炉生产、经营、使用等全过程节能环保监督标准化管理。"十三五"期间燃煤工业锅炉实际运行效率提高 5 个百分点，到 2020 年新生产燃煤锅炉效率不低于 80%，燃气锅炉效率不低于 92%。普及锅炉能效和环保测试，强化锅炉运行及管理人员节能环保专项培训。开展锅炉节能环保普查整治，建设覆盖安全、节能、环保信息的数据平台，开展节能环保在线监测试点并实现信息共享。开展电梯能效测试与评价，在确保安全的前提下，鼓励永磁同步电机、变频调速、能量反馈等节能技术的集成应用，开展老旧电梯安全节能改造工程试点。推广高效换热器，提升热交换系统能效水平。加快高效电机、配电变压器等用能设备开发和推广应用，淘汰低效电机、变压器、风机、水泵、压缩机等用能设备，全面提升重点用能设备能效水平。（牵头单位：质检总局、国家发展改革委、工业和信息化部、环境保护部，参加单位：住房城乡建设部、国管局、国

家能源局、中直管理局等)

四、强化主要污染物减排

(十四) 控制重点区域流域排放。推进京津冀及周边地区、长三角、珠三角、东北等重点地区,以及大气污染防治重点城市煤炭消费总量控制,新增耗煤项目实行煤炭消耗等量或减量替代;实施重点区域大气污染传输通道气化工程,加快推进以气代煤。加快发展热电联产和集中供热,利用城市和工业园区周边现有热电联产机组、纯凝发电机组及低品位余热实施供热改造,淘汰供热供气范围内的燃煤锅炉 (窑炉) 。结合环境质量改善要求,实施行业、区域、流域重点污染物总量减排,在重点行业、重点区域推进挥发性有机物排放总量控制,在长江经济带范围内的部分省市实施总磷排放总量控制,在沿海地级及以上城市实施总氮排放总量控制,对重点行业的重点重金属排放实施总量控制。加强我国境内重点跨国河流水污染防治。严格控制长江、黄河、珠江、松花江、淮河、海河、辽河等七大重点流域干流沿岸的石油加工、化学原料和化学制品制造、医药制造、化学纤维制造、有色金属冶炼、纺织印染等项目。分区域、分流域制定实施钢铁、水泥、平板玻璃、锅炉、造纸、印染、化工、焦化、农副食品加工、原料药制造、制革、电镀等重点行业、领域限期整治方案,升级改造环保设施,确保稳定达标。实施重点区域、重点流域清洁生产水平提升行动。城市建成区内的现有钢铁、建材、有色金属、造纸、印染、原料药制造、化工等污染较重的企业应有序搬迁改造或依法关闭。(牵头单位:环境保护部、国家发展改革委、工业和信息化部、质检总局、国家能源局,参加单位:财政部、住房城乡建设部、国管局、国家海洋局等)

(十五) 推进工业污染物减排。实施工业污染源全面达标排放计划。加强工业企业无组织排放管理。严格执行环境影响评价制度。实行建设项目主要污染物排放总量指标等量或减量替代。建立以排污许可制为核心的工业企业环境管理体系。继续推行重点行业主要污染物总量减排制度，逐步扩大总量减排行业范围。以削减挥发性有机物、持久性有机物、重金属等污染物为重点，实施重点行业、重点领域工业特征污染物削减计划。全面实施燃煤电厂超低排放和节能改造，加快燃煤锅炉综合整治，大力推进石化、化工、印刷、工业涂装、电子信息等行业挥发性有机物综合治理。全面推进现有企业达标排放，研究制修订农药、制药、汽车、家具、印刷、集装箱制造等行业排放标准，出台涂料、油墨、胶黏剂、清洗剂等有机溶剂产品挥发性有机物含量限值强制性环保标准，控制集装箱、汽车、船舶制造等重点行业挥发性有机物排放，推动有关企业实施原料替代和清洁生产技术改造。强化经济技术开发区、高新技术产业开发区、出口加工区等工业聚集区规划环境影响评价及污染治理。加强工业企业环境信息公开，推动企业环境信用评价。建立企业排放红黄牌制度。（牵头单位：环境保护部，参加单位：国家发展改革委、工业和信息化部、财政部、质检总局、国家能源局等）

（十六）促进移动源污染物减排。实施清洁柴油机行动，全面推进移动源排放控制。提高新机动车船和非道路移动机械环保标准，发布实施机动车国Ⅵ排放标准。加速淘汰黄标车、老旧机动车、船舶以及高排放工程机械、农业机械。逐步淘汰高油耗、高排放民航特种车辆与设备。2016年淘汰黄标车及老旧车380万辆，2017年基本淘汰全国范围内黄标车。加快船舶和港口污染物减排，在珠三角、长三角、环渤海京津冀水域设立船舶排放控制区，主要港口90%的港作船舶、公务船舶靠港使用岸电，50%的集装箱、客滚和邮轮专业化码头具备向船舶供应岸电的能力；主要港口大型煤炭、矿石码头堆场全面建设防风抑尘设施或实现煤炭、矿石封闭储存。加快油品质量升级，2017年1月1日起全国全面供应国Ⅴ标准的车用汽油、柴油；2018年1月1日起全国全面供应与国Ⅴ标准柴油相同硫含量的普通柴油；抓紧发布实施第六阶段汽、柴油国家（国Ⅵ）标准，2020年实现车用柴油、普通柴油和部分船舶用油并轨,柴油车、非道路移动机械、内河和江海直达船舶均统一使用相同标准的柴油。车用汽柴油应加入符合要求的清净剂。修订《储油库大气污染物排放标准》、《加油站大气污染物排放标准》,推进储油储气库、加油加气站、原油成品油码头、原油成品油运输船舶和油罐车、气罐车等油气回收治理工作。加强机动车、非道路移动机械环保达标和油品质量监督执法,严厉打击违法行为。(牵头单位:环境保护部、公安部、交通运输部、农业部、质检总局、国家能源局,参加单位:国家发展改革委、财政部、工商总局等)

(十七)强化生活源污染综合整治。对城镇污水处理设施建设发展进行填平补齐、升级改造,完善配套管网,提升污水收集处理能力。合理确定污水排放标准,加强运行监管,实现污水处理厂全面达标排放。加大对雨污合流、清污混流管网的改造力度,优先推进城中村、老旧城区和城乡结合部污水截流、收集、纳管。强化农村生活污染源排放控制,采取城镇管网延伸、集中处理和分散处理等多种形式,加快农村生活污水治理和改厕。促进再生水利用,完善再生水利用设施。注重污水处理厂污泥安全处理处置,杜绝二次污染。到 2020 年,全国所有县城和重点镇具备污水处理能力,地级及以上城市建成区污水基本实现全收集、全处理,城市、县城污水处理率分别达到 95%、85%左右。加强生活垃圾回收处理设施建设,强化对生活垃圾分类、收运、处理的管理和督导,提升城市生活垃圾回收处理水平,全面推进农村垃圾治理,普遍建立村庄保洁制度,推广垃圾分类和就近资源化利用,到 2020 年,90%以上行政村的生活垃圾得到处理。加大民用散煤清洁化治理力度,推进以电代煤、以气代煤,推广使用洁净煤、先进民用炉具,制定散煤质量标准,加强民用散煤管理,力争 2017 年底前基本解决京津冀区域民用散煤清洁化利用问题,到 2020 年底前北方地区散煤治理取得明显进展。加快治理公共机构食堂、餐饮服务企业油烟污染,推进餐厨废弃物资源化利用。家具、印刷、汽车维修等政府定点招标采购企业要使用低挥发性原辅材料。严格执行有机溶剂产品有害物质限量标准，推进建筑装饰、汽修、干洗、餐饮等行业挥发性有机物治理。（牵头单位：环境保护部、国家发展改革委、住房城乡建设部、国家能源局，参加单位：工业和信息化部、财政部、农业部、质检总局、国管局、中直管理局等）

（十八）重视农业污染排放治理。大力推广节约型农业技术，推进农业清洁生产。促进畜禽养殖场粪便收集处理和资源化利用，建设秸秆、粪便等有机废弃物处理设施，加强分区分类管理，依法关闭或搬迁禁养区内的畜禽养殖场（小区）和养殖专业户并给予合理补偿。开展农膜回收利用，到2020年农膜回收率达到80%以上，率先实现东北黑土地大田生产地膜零增长。深入推广测土配方施肥技术，提倡增施有机肥，开展农作物病虫害绿色防控和统防统治，推广高效低毒低残留农药使用，到2020年实现主要农作物化肥农药使用量零增长，化肥利用率提高到40%以上，京津冀、长三角、珠三角等区域提前一年完成。研究建立农药使用环境影响后评估制度，推进农药包装废弃物回收处理。建立逐级监督落实机制，疏堵结合、以疏为主，加强重点区域和重点时段秸秆禁烧。（牵头单位：农业部、环境保护部、国家能源局，参加单位：国家发展改革委、财政部、住房城乡建设部、质检总局等）

五、大力发展循环经济

（十九）全面推动园区循环化改造。按照空间布局合理化、产业结构最优化、产业链接循环化、资源利用高效化、污染治理集中化、基础设施绿色化、运行管理规范化的要求，加快对现有园区的循环化改造升级，延伸产业链，提高产业关联度，建设公共服务平台，实现土地集约利用、资源能源高效利用、废弃物资源化利用。对综合性开发区、重化工产业开发区、高新技术开发区等不同性质的园区，加强分类指导，强化效果评估和工作考核。到2020年，75%的国家级园区和50%的省级园区实施循环化改造，长江经济带超过90%的省级以上（含省级）重化工园区实施循环化改造。（牵

头单位：国家发展改革委、财政部，参加单位：科技部、工业和信息化部、环境保护部、商务部等）

（二十）加强城市废弃物规范有序处理。推动餐厨废弃物、建筑垃圾、园林废弃物、城市污泥和废旧纺织品等城市典型废弃物集中处理和资源化利用，推进燃煤耦合污泥等城市废弃物发电。选择 50 个左右地级及以上城市规划布局低值废弃物协同处理基地，完善城市废弃物回收利用体系，到 2020 年，餐厨废弃物资源化率达到 30%。（牵头单位：国家发展改革委、住房城乡建设部，参加单位：环境保护部、农业部、民政部、国管局、中直管理局等）

（二十一）促进资源循环利用产业提质升级。依托国家"城市矿产"示范基地，促进资源再生利用企业集聚化、园区化、区域协同化布局，提升再生资源利用行业清洁化、高值化水平。实行生产者责任延伸制度。推动太阳能光伏组件、碳纤维材料、生物基纤维、复合材料和节能灯等新品种废弃物的回收利用，推进动力蓄电池梯级利用和规范回收处理。加强再生资源规范管理，发布重点品种规范利用条件。大力发展再制造产业，推动汽车零部件及大型工业装备、办公设备等产品再制造。规范再制造服务体系，建立健全再生产品、再制造产品的推广应用机制。鼓励专业化再制造服务公司与钢铁、冶金、化工、机械等生产制造企业合作，开展设备寿命评估与检测、清洗与强化延寿等再制造专业技术服务。继续开展再制造产业示范基地建设和机电产品再制造试点示范工作。到 2020 年，再生资源回收利用产业产值达到 1.5 万亿元，再制造产业产值超过 1000 亿元。（牵头单位：国家发展改革委，参加单位：科技部、工业和信息化部、环境保护部、住房城乡建设部、商务部等）

（二十二）统筹推进大宗固体废弃物综合利用。加强共伴生矿产资源及尾矿综合利用。推动煤矸石、粉煤灰、工业副产石膏、冶炼和化工废渣等工业固体废弃物综合利用。开展大宗产业废弃物综合利用示范基地建设。推进水泥窑协同处置城市生活垃圾。大力推动农作物秸秆、林业"三剩物"（采伐、造材和加工剩余物）、规模化养殖场粪便的资源化利用，因地制宜发展各类沼气工程和燃煤耦合秸秆发电工程。到 2020 年，工业固体废物综合利用率达到 73% 以上，农作物秸秆综合利用率达到 85%。（牵头单位：国家发展改革委，参加单位：工业和信息化部、国土资源部、环境保护部、住房城乡建设部、农业部、国家林业局、国家能源局等）

（二十三）加快互联网与资源循环利用融合发展。支持再生资源企业利用大数据、云计算等技术优化逆向物流网点布局，建立线上线下融合的回收网络，在地级及以上城市逐步建设废弃物在线回收、交易等平台，推广"互联网+"回收新模式。建立重点品种的全生命周期追溯机制。在开展循环化改造的园区建设产业共生平台。鼓励相关行业协会、企业逐步构建行业性、区域性、全国性的产业废弃物和再生资源在线交易系统，发布交易价格指数。支持汽车维修、汽车保险、旧件回收、再制造、报废拆解等汽车产品售后全生命周期信息的互通共享。到 2020 年，初步形成废弃电器电子产品等高值废弃物在线回收利用体系。（牵头单位：国家发展改革委，参加单位：科技部、工业和信息化部、环境保护部、交通运输部、商务部、保监会等）

六、实施节能减排工程

（二十四）节能重点工程。组织实施燃煤锅炉节能环保综合提升、电机系统能效提升、余热暖民、绿色照明、节能技术装备产业化示范、能量系统优化、煤炭消费减量替代、重点用能单位综合能效提升、合同能源管理推进、城镇化节能升级改造、天然气分布式能源示范工程等节能重点工程，推进能源综合梯级利用，形成 3 亿吨标准煤左右的节能能力，到 2020 年节能服务产业产值比 2015 年翻一番。（牵头单位：国家发展改革委，参加单位：科技部、工业和信息化部、财政部、住房城乡建设部、国务院国资委、质检总

局、国管局、国家能源局、中直管理局等)

(二十五)主要大气污染物重点减排工程。实施燃煤电厂超低排放和节能改造工程,到 2020 年累计完成 5.8 亿千瓦机组超低排放改造任务,限期淘汰 2000 万千瓦落后产能和不符合相关强制性标准要求的机组。实施电力、钢铁、水泥、石化、平板玻璃、有色等重点行业全面达标排放治理工程。实施京津冀、长三角、珠三角等区域"煤改气"和"煤改电"工程,扩大城市禁煤区范围,建设完善区域天然气输送管道、城市燃气管网、农村配套电网,加快建设天然气储气库、城市调峰站储气罐等基础工程,新增"煤改气"工程用气 450 亿立方米以上,替代燃煤锅炉 18.9 万蒸吨。实施石化、化工、工业涂装、包装印刷等重点行业挥发性有机物治理工程,到 2020 年石化企业基本完成挥发性有机物治理。(牵头单位:环境保护部、国家能源局,参加单位:国家发展改革委、工业和信息化部、财政部、国务院国资委、质检总局等)

(二十六)主要水污染物重点减排工程。加强城市、县城和其他建制镇生活污染减排设施建设。加快污水收集管网建设,实施城镇污水、工业园区废水、污泥处理设施建设与提标改造工程,推进再生水回用设施建设。加快畜禽规模养殖场(小区)污染治理,75%以上的养殖场(小区)配套建设固体废弃物和污水贮存处理设施。(牵头单位:环境保护部、国家发展改革委、住房城乡建设部,参加单位:工业和信息化部、财政部、农业部、国家海洋局等)

(二十七)循环经济重点工程。组织实施园区循环化改造、资源循环利用产业示范基地建设、工农复合型循环经济示范区建设、京津冀固体废弃物协同处理、"互联网+"资源循环、再生产品与再制造产品推广等专项行动,建设 100 个资源循环利用产业示范基地、50 个工业废弃物综合利用产业基地、20 个工农复合型循环经济示范区,推进生产和生活系统循环链接,构建绿色低碳循环的产业休系。到 2020 年,再生资源替代原生资源量达到 13 亿吨,资源循环利用产业产值达到 3 万亿元。(牵头单位:国家发展改革委、财政部,参加单位:科技部、工业和信息化部、环境保护部、住房城乡建设部、农业部、商务部等)

七、强化节能减排技术支撑和服务体系建设

(二十八) 加快节能减排共性关键技术研发示范推广。启动"十三五"节能减排科技战略研究和专项规划编制工作,加快节能减排科技资源集成和统筹部署,继续组织实施节能减排重大科技产业化工程。加快高超超临界发电、低品位余热发电、小型燃气轮机、煤炭清洁高效利用、细颗粒物治理、挥发性有机物治理、汽车尾气净化、原油和成品油码头油气回收、垃圾渗滤液处理、多污染协同处理等新型技术装备研发和产业化。推广高效烟气除尘和余热回收一体化、高效热泵、半导体照明、废弃物循环利用等成熟适用技术。遴选一批节能减排协同效益突出、产业化前景好的先进技术,推广系统性技术解决方案。(牵头单位:科技部、国家发展改革委,参加单位:工业和信息化部、环境保护部、住房城乡建设部、交通运输部、国家能源局等)

(二十九) 推进节能减排技术系统集成应用。推进区域、城镇、园区、用能单位等系统用能和节能。选择具有示范作用、辐射效应的园区和城市,统筹整合钢铁、水泥、电力等高耗能企业的余热余能资源和区域用能需求,实现能源梯级利用。大力发展"互联网+"智慧能源,支持基于互联网的能源创新,推动建立城市智慧能源系统,鼓励发展智能家居、智能楼宇、智能小区和智能工厂,推动智能电网、储能设施、分布式能源、智能用电终端协同发展。综合采取节能减排系统集成技术,推动锅炉系统、供热/制冷系统、电机系统、照明系统等优化升级。(牵头单位:国家发展改革委、工业和信息化部、国家能源局,参加单位:科技部、财政部、住房城乡建设部、质检总局等)

(三十) 完善节能减排创新平台和服务体系。建立完善节能减排技术评估体系和科技创新创业综合服务平台,建设绿色技术服务平台，推动建立节能减排技术和产品的检测认证服务机制。培育一批具有核心竞争力的节能减排科技企业和服务基地，建立一批节能科技成果转移促进中心和交流转化平台，组建一批节能减排产业技术创新战略联盟、研究基地（平台）等。继续发布国家重点节能低碳技术推广目录，建立节能减排技术遴选、评定及推广机制。加快引进国外节能环保新技术、新装备，推动国内节能减排先进技术装备"走出去"。（牵头单位：科技部、国家发展改革委、工业和信息化部、环境保护部，参加单位：住房城乡建设部、交通运输部、质检总局等）

八、完善节能减排支持政策

（三十一）完善价格收费政策。加快资源环境价格改革，健全价格形成机制。督促各地落实差别电价和惩罚性电价政策，严格清理地方违规出台的高耗能企业优惠电价政策。实行超定额用水累进加价制度。督促各地严格落实水泥、电解铝等行业阶梯电价政策，促进节能降耗。研究完善天然气价格政策。完善居民阶梯电价（煤改电除外）制度，全面推行居民阶梯气价（煤改气除外）、水价制度。深化供热计量收费改革，完善脱硫、脱硝、除尘和超低排放环保电价政策，加强运行监管，严肃查处不执行环保电价政策的行为。鼓励各地制定差别化排污收费政策。研究扩大挥发性有机物排放行业排污费征收范围。实施环境保护费改税，推进开征环境保护税。落实污水处理费政策，完善排污权交易价格体系。加大垃圾处理费收缴力度，提高收缴率。（牵头单位：国家发展改革委、财政部，参加单位：工业和信息化部、环境保护部、住房城乡建设部、水利部、国家能源局等）

（三十二）完善财政税收激励政策。加大对节能减排工作的资金支持力度，统筹安排相关专项资金，支持节能减排重点工程、能力建设和公益宣传。创新财政资金支持节能减排重点工程、项目的方式，发挥财政资金的杠杆作用。推广节能环保服务政府采购，推行政府绿色采购，完善节能环保产品政府强制采购和优先采购制度。清理取消不合理化石能源补贴。对节能减排工作任务完成较好的地区和企业予以奖励。落实支持节能减排的企业所得税、增值税等优惠政策，修订完善《环境保护专用设备企业所得税优惠目录》和《节能节水专用设备企业所得税优惠目录》。全面推进资源税改革，逐步扩大征收范围。继续落实资源综合利用税收优惠政策。从事国家鼓励类项目的企业进口自用节能减排技术装备且符合政策规定的，免征进口关税。（牵头单位：财政部、税务总局，参加单位：国家发展改革委、工业和信息化部、环境保护部、住房城乡建设部、国务院国资委、国管局等）

（三十三）健全绿色金融体系。加强绿色金融体系的顶层设计，推进绿色金融业务创新。鼓励银行业金融机构对节能减排重点工程给予多元化融资支持。健全市场化绿色信贷担保机制，对于使用绿色信贷的项目单位，可按规定申请财政贴息支持。对银行机构实施绿色评级，鼓励金融机构进一步完善绿色信贷机制，支持以用能权、碳排放权、排污权和节能项目收益权等为抵（质）押的绿色信贷。推进绿色债券市场发展，积极推动金融机构发行绿色金融债券，鼓励企业发行绿色债券。研究设立绿色发展基金，鼓励社会资本按市场化原则设立节能环保产业投资基金。支持符合条件的节能减排项目通过资本市场融资，鼓励绿色信贷资产、节能减排项目应收账款证券化。在环境高风险领域建立环境污染强制责任保险制度。积极推动绿色金融领域国际合作。（牵头单位：人民银行、财政部、国家发展改革委、环境保护部、银监会、证监会、保监会）

九、建立和完善节能减排市场化机制

（三十四）建立市场化交易机制。健全用能权、排污权、碳排放权交易机制，创新有偿使用、预算管理、投融资等机制，培育和发展交易市场。推进碳排放权交易，2017年启动全国碳排放权交易市场。建立用能权有偿使用和交易制度，选择若干地区开展用能权交易试点。加快实施排污许可制，建立企事业单位污染物排放总量控制制度，继续推进排污权交易试点，试点地区到2017年底基本建立排污权交易制度，研究扩大试点范围，发展跨区域排污权交易市场。（牵头单位：国家发展改革委、财政部、环境保护部）

（三十五）推行合同能源管理模式。实施合同能源管理推广工程，鼓励节能服务公司创新服务模式，为用户提供节能咨询、诊断、设计、融资、改造、托管等"一站式"合同能源管理综合服务。取消节能服务公司审核备案制度，任何地方和单位不得以是否具备节能服务公司审核备案资格限制企业开展业务。建立节能服务公司、用能单位、第三方机构失信黑名单制度，将失信行为纳入全国信用信息共享平台。落实节能服务公司税收优惠政策，鼓励各级政府加大对合同能源管理的支持力度。政府机构按照合同能源管理合同支付给节能服务公司的支出，视同能源费用支出。培育以合同能源管理资产交易为特色的资产交易平台。鼓励社会资本建立节能服务产业投资基金。支持节能服务公司发行绿色债券。创新投债贷结合促进合同能源管理业务发展。（牵头单位：国家发展改革委、财政部、税务总局，参加单位：工业和信息化部、住房城乡建设部、人民银行、国管局、银监会、证监会、中直管理局等）

（三十六）健全绿色标识认证体系。强化能效标识管理制度，扩大实施范围。推行节能低碳环保产品认证。完善绿色建筑、绿色建材标识和认证制度，建立可追溯的绿色建材评价和信息管理系统。推进能源管理体系认证。制修订绿色商场、绿色宾馆、绿色饭店、绿色景区等绿色服务评价办法，积极开展第三方认证评价。逐步将目前分头设立的环保、节能、节水、循环、低碳、再生、有机等产品统一整合为绿色产品，建立统一的绿色产品标准、认证、标识体系。加强节能低碳环保标识监督检查，依法查处虚标企业。开展能效、水效、环保领跑者引领行动。（牵头单位：国家发展改革委、工业和信息化部、环境保护部、质检总局，参加单位：财政

部、住房城乡建设部、水利部、商务部等)

(三十七)推进环境污染第三方治理。鼓励在环境监测与风险评估、环境公用设施建设与运行、重点区域和重点行业污染防治、生态环境综合整治等领域推行第三方治理。研究制定第三方治理项目增值税即征即退政策,加大财政对第三方治理项目的补助和奖励力度。鼓励各地积极设立第三方治理项目引导基金,解决第三方治理企业融资难、融资贵问题。引导地方政府开展第三方治理试点,建立以效付费机制。提升环境服务供给水平与质量。到2020年,环境公用设施建设与运营、工业园区第三方治理取得显著进展,污染治理效率和专业化水平明显提高,环境公用设施投资运营体制改革基本完成,涌现出一批技术能力强、运营管理水平高、综合信用好、具有国际竞争力的环境服务公司。(牵头单位:国家发展改革委、环境保护部,参加单位:工业和信息化部、财政部、住房城乡建设部等)

(三十八)加强电力需求侧管理。推行节能低碳、环保电力调度,建设国家电力需求侧管理平台,推广电能服务,总结电力需求侧管理城市综合试点经验,实施工业领域电力需求侧管理专项行动,引导电网企业支持和配合平台建设及试点工作,鼓励电力用户积极采用节电技术产品,优化用电方式。深化电力体制改革,扩大峰谷电价、分时电价、可中断电价实施范围。加强储能和智能电网建设,增强电网调峰和需求侧响应能力。(牵头单位:国家发展改革委,参加单位:工业和信息化部、财政部、国家能源局等)

十、落实节能减排目标责任

(三十九)健全节能减排计量、统计、监测和预警体系。健全能源计量体系和消费统计指标体系,完善企业联网直报系统,加大统计数据审核与执法力度,强化统计数据质量管理,确保统计数据基本衔接。完善环境统计体系,补充调整工业、城镇生活、农业等重要污染源调查范围。建立健全能耗在线监测系统和污染源自动在线监测系统，对重点用能单位能源消耗实现实时监测，强化企业污染物排放自行监测和环境信息公开，2020 年污染源自动监控数据有效传输率、企业自行监测结果公布率保持在 90% 以上，污染源监督性监测结果公布率保持在 95% 以上。定期公布各地区、重点行业、重点单位节能减排目标完成情况，发布预警信息，及时提醒高预警等级地区和单位的相关负责人，强化督促指导和帮扶。完善生态环境质量监测评价，建立地市报告、省级核查、国家审查的减排管理机制，鼓励引入第三方评估；加强重点减排工程调度管理，对环境质量改善达不到进度要求、重点减排工程建设滞后或运行不稳定、政策措施落实不到位的地区及时预警。（牵头单位：国家发展改革委、环境保护部、国家统计局，参加单位：工业和信息化部、住房城乡建设部、交通运输部、国务院国资委、质检总局、国管局等）

（四十）合理分解节能减排指标。实施能源消耗总量和强度双控行动，改革完善主要污染物总量减排制度。强化约束性指标管理，健全目标责任分解机制，将全国能耗总量控制和节能目标分解到各地区、主要行业和重点用能单位。各地区要根据国家下达的任务明确年度工作目标并层层分解落实，明确下一级政府、有关部门、重点用能单位责任，逐步建立省、市、县三级用能预算管理体系，编制用能预算管理方案；以改善环境质量为核心，突出重点工程减排，实行分区分类差别化管理，科学确定减排指标，环境质量改善任务重的地区承担更多的减排任务。（牵头单位：国家发展改革委、环境保护部，参加单位：工业和信息化部、住房城乡建设部、交通运输部、国管局、国家能源局等）

（四十一）加强目标责任评价考核。强化节能减排约束性指标考核，坚持总量减排和环境质量考核相结合，建立以环境质量考核为导向的减排考核制度。国务院每年组织开展省级人民政府节能减排目标责任评价考核，将考核结果作为领导班子和领导干部考核的重要内容，继续深入开展领导干部自然资源资产离任审计试点。对未完成能耗强度降低目标的省级人民政府实行问责，对未完成国家下达能耗总量控制目标任务的予以通报批评和约谈，实行高耗能项目缓批限批。对环境质量改善、总量减排目标均未完成的地区，暂停新增排放重点污染物建设项目的环评审批，暂停或减少中央财政资金支持，必要时列入环境保护督查范围。对重点单位节能减排考核结果进行公告并纳入社会信用记录系统，对未完成目标任务的暂停审批或核准新建扩建高耗能项目。落实国有企业节能减排目标责任制，将节能减排指标完成情况作为企业绩效和负责人业绩考核的重要内容。对节能减排贡献突出的地区、单位和个人以适当方式给予表彰奖励。（牵头单位：国家发展改革委、环境保护部、中央组织部，参加单位：工业和信息化部、财政部、住房城乡建设部、交通运输部、国务院国资委、质检总局、国家统计局、国管局、国家海洋局等）

十一、强化节能减排监督检查

（四十二）健全节能环保法律法规标准。加快修订完善节能环保方面的法律制度，推动制修订环境保护税法、水污染防治法、土壤污染防治法、能源法、固体废弃物污染环境防治法等。制修订建设项目环境保护管理条例、环境监测管理条例、重点用能单位节能管理办法、锅炉节能环保监督管理办法、节能服务机构管理暂行办法、污染地块土壤环境管理暂行办法、环境影响登记表备案管理办法等。健全节能标准体系，提高建筑节能标准，实现重点行业、设备节能标准全覆盖，继续实施百项能效标准推进工程。开展节能标准化和循环经济标准化试点示范建设。制定完善环境保护综合名录。制修订环保产品、环保设施运行效果评估、环境质量、污染物排放、环境监测方法等相关标准。鼓励地方依法制定更加严格的节能环保标准，鼓励制定节能减排团体标准。（牵头单位：国家发展改革委、工业和信息化部、环境保护部、质检总局、国务院法制办，参加单位：住房城乡建设部、交通运输部、商务部、国家统计局、国管局、国家海洋局、国家能源局、

中直管理局等）

（四十三）严格节能减排监督检查。组织开展节能减排专项检查，督促各项措施落实。强化节能环保执法监察，加强节能审查，强化事中事后监管，加大对重点用能单位和重点污染源的执法检查力度，严厉查处各类违法违规用能和环境违法违规行为，依法公布违法单位名单，发布重点企业污染物排放信息，对严重违法违规行为进行公开通报或挂牌督办，确保节能环保法律、法规、规章和强制性标准有效落实。强化执法问责，对行政不作为、执法不严等行为，严肃追究有关主管部门和执法机构负责人的责任。（牵头单位：国家发展改革委、工业和信息化部、环境保护部，参加单位：住房城乡建设部、质检总局、国家海洋局等）

（四十四）提高节能减排管理服务水平。建立健全节能管理、监察、服务"三位一体"的节能管理体系。建立节能服务和监管平台，加强政府管理和服务能力建设。继续推进能源统计能力建设，加强工作力量。加强节能监察能力建设，进一步完善省、市、县三级节能监察体系。健全环保监管体制，开展省以下环保机构监测监察执法垂直管理制度试点，推进环境监察机构标准化建设，全面加强挥发性有机物环境空气质量和污染排放自动在线监测工作。开展污染源排放清单编制工作，出台主要污染物减排核查核算办法（细则）。进一步健全能源计量体系，深入推进城市能源计量建设示范，开展计量检测、能效计量比对等节能服务活动，加强能源计量技术服务和能源计量审查。建立能源消耗数据核查机制，建立健全统一的用能量和节能量审核方法、标准、操作规范和流程，加强核查机构管理，依法严厉打击核查工作中的弄虚作假行为。推动大数据在节能减排领域的应用。创新节能管理和服务模式，开展能效服务网络体系建设试点，促进用能单位经验分享。制定节能减排培训纲要，实施培训计划，依托专业技术人才知识更新工程等国家重大人才工程项目，加强对各级领导干部和政府节能管理部门、节能监察机构、用能单位相关人员的培训。（牵头单位：国家发展改革委、工业和信息化部、财政部、环境保护部，参加单位：人力资源社会保障部、住房城乡建设部、质检总局、国家统计局、国管局、国家海洋局、中直管理局等）

十二、动员全社会参与节能减排

（四十五）推行绿色消费。倡导绿色生活，推动全民在衣、食、住、行等方面更加勤俭节约、绿色低碳、文明健康，坚决抵制和反对各种形式的奢侈浪费。开展旧衣"零抛弃"活动，方便闲置旧物交换。积极引导绿色金融支持绿色消费，积极引导消费者购买节能与新能源汽车、高效家电、节水型器具等节能环保低碳产品，减少一次性用品的使用，限制过度包装，尽可能选用低挥发性水性涂料和环境友好型材料。加快畅通绿色产品流通渠道，鼓励建立绿色批发市场、节能超市等绿色流通主体。大力推广绿色低碳出行，倡导绿色生活和休闲模式。到 2020 年，能效标识 2 级以上的空调、冰箱、热水器等节能家电市场占有率达到 50% 以上。（牵头单位：国家发展改革委、环境保护部，参加单位：工业和信息化部、财政部、住房城乡建设部、交通运输部、商务部、中央军委后勤保障部、全国总工会、共青团中央、全国妇联等）

（四十六）倡导全民参与。推动全社会树立节能是第一能源、节约就是增加资源的理念，深入开展全民节约行动和节能"进机关、进单位、进企业、进军营、进商超、进宾馆、进学校、进家庭、进社区、进农村"等"十进"活动。制播节能减排公益广告，鼓励建设节能减排博物馆、展示馆，创建一批节能减排宣传教育示范基地，形成人人、事事、时时参与节能减排的社会氛围。发展节能减排公益事业，鼓励公众参与节能减排公益活动。加强节能减排、应对气候变化等领域国际合作，推动落实《二十国集团能效引领计划》。（牵头单位：中央宣传部、国家发展改革委、环境保护部，参加单位：外交部、教育部、工业和信息化部、财政部、住房城乡建设部、国务院国资委、质检总局、新闻出版广电总局、国管局、中直管理局、中央军委后勤保障部、全国总工会、共青团中

央、全国妇联等）

（四十七）强化社会监督。充分发挥各种媒体作用，报道先进典型、经验和做法，曝光违规用能和各种浪费行为。完善公众参与制度，及时准确披露各类环境信息，扩大公开范围，保障公众知情权，维护公众环境权益。依法实施环境公益诉讼制度，对污染环境、破坏生态的行为可依法提起公益诉讼。（牵头单位：中央宣传部、国家发展改革委、环境保护部，参加单位：全国总工会、共青团中央、全国妇联等）

附件：1. "十三五"各地区能耗总量和强度"双控"目标
2. "十三五"主要行业和部门节能指标
3. "十三五"各地区化学需氧量排放总量控制计划
4. "十三五"各地区氨氮排放总量控制计划
5. "十三五"各地区二氧化硫排放总量控制计划
6. "十三五"各地区氮氧化物排放总量控制计划
7. "十三五"重点地区挥发性有机物排放总量控制计划

附件1

"十三五"各地区能耗总量和强度"双控"目标

地区	"十三五"能耗强度降低目标（%）	2015年能源消费总量（万吨标准煤）	"十三五"能耗增量控制目标（万吨标准煤）
北京	17	6853	800
天津	17	8260	1040
河北	17	29395	3390
山西	15	19384	3010
内蒙古	14	18927	3570
辽宁	15	21667	3550
吉林	15	8142	1360

地区	"十三五"能耗强度降低目标（%）	2015年能源消费总量（万吨标准煤）	"十三五"能耗增量控制目标（万吨标准煤）
黑龙江	15	12126	1880
上海	17	11387	970
江苏	17	30235	3480
浙江	17	19610	2380
安徽	16	12332	1870
福建	16	12180	2320
江西	16	8440	1510
山东	17	37945	4070
河南	16	23161	3540
湖北	16	16404	2500
湖南	16	15469	2380
广东	17	30145	3650
广西	14	9761	1840
海南	10	1938	660
重庆	16	8934	1660
四川	16	19888	3020
贵州	14	9948	1850
云南	14	10357	1940
西藏	10	—	—
陕西	15	11716	2170
甘肃	14	7523	1430
青海	10	4134	1120
宁夏	14	5405	1500
新疆	10	15651	3540

注：西藏自治区相关数据暂缺。

附件 2

"十三五"主要行业和部门节能指标

指标	单位	2015 年实际值	2020 年目标值	变化幅度/变化率
工业:				
单位工业增加值(规模以上)能耗				[−18%]
火电供电煤耗	克标准煤/千瓦时	315	306	−9
吨钢综合能耗	千克标准煤	572	560	−12
水泥熟料综合能耗	千克标准煤/吨	112	105	−7
电解铝液交流电耗	千瓦时/吨	13350	13200	−150
炼油综合能耗	千克标准油/吨	65	63	−2
乙烯综合能耗	千克标准煤/吨	816	790	−26
合成氨综合能耗	千克标准煤/吨	1331	1300	−31
纸及纸板综合能耗	千克标准煤/吨	530	480	−50
建筑:				
城镇既有居住建筑节能改造累计面积	亿平方米	12.5	17.5	+5
城镇公共建筑节能改造累计面积	亿平方米	1	2	+1
城镇新建绿色建筑标准执行率	%	20	50	+30
交通运输:				
铁路单位运输工作量综合能耗	吨标准煤/百万换算吨公里	4.71	4.47	[−5%]
营运车辆单位运输周转量能耗下降率				[−6.5%]

续表

指标		单位	2015 年实际值	2020 年	
				目标值	变化幅度/变化率
营运船舶单位运输周转量能耗下降率					[-6%]
民航业单位运输周转量能耗		千克标准煤/吨公里	0.433	<0.415	> [-4%]
新生产乘用车平均油耗		升/百公里	6.9	5	-1.9
公共机构:					
公共机构单位建筑面积能耗		千克标准煤/平方米	20.6	18.5	[-10%]
公共机构人均能耗		千克标准煤/人	370.7	330.0	[-11%]
终端用能设备:					
燃煤工业锅炉（运行）效率		%	70	75	+5
电动机系统效率		%	70	75	+5
一级能效容积式空气压缩机市场占有率	小于55kW	%	15	30	+15
	55kW 至 220kW	%	8	13	+5
	大于 220kW	%	5	8	+3
一级能效电力变压器市场占有率		%	0.1	10	+9.9
二级以上能效房间空调器市场占有率		%	22.6	50	+27.4
二级以上能效电冰箱市场占有率		%	98.3	99	+0.7
二级以上能效家用燃气热水器市场占有率		%	93.7	98	+4.3

注：［ ］内为变化率。

附件 3

"十三五"各地区化学需氧量排放总量控制计划

地区	2015 年排放量 （万吨）	2020 年减排比例 （%）	2020 年重点工程减排量 （万吨）
北京	16.2	14.4	2.33
天津	20.9	14.4	2.47
河北	120.8	19.0	16.14
山西	40.5	17.6	4.75
内蒙古	83.6	7.1	5.19
辽宁	116.7	13.4	8.41
吉林	72.4	4.8	2.32
黑龙江	139.3	6.0	7.33
上海	19.9	14.5	2.72
江苏	105.5	13.5	10.39
浙江	68.3	19.2	7.64
安徽	87.1	9.9	7.70
福建	60.9	4.1	2.14
江西	71.6	4.3	2.73
山东	175.8	11.7	13.30
河南	128.7	18.4	16.98
湖北	98.6	9.9	8.25
湖南	120.8	10.1	10.49
广东	160.7	10.4	11.06
广西	71.1	1.0	0.35
海南	18.8	1.2	0.16
重庆	38.0	7.4	2.36
四川	118.6	12.8	14.09

地区	2015 年排放量 （万吨）	2020 年减排比例 （%）	2020 年重点工程减排量 （万吨）
贵州	31.8	8.5	2.77
云南	51.0	14.1	5.85
西藏	2.9	－	－
陕西	48.9	10.0	2.63
甘肃	36.6	8.2	2.40
青海	10.4	1.1	0.07
宁夏	21.1	1.2	0.10
新疆	56.0	1.6	0.71
新疆生产建设兵团	10.0	1.6	0.04

注：2020 年减排比例根据各地区地表水质量改善任务确定，重点工程减排量根据"十三五"规划纲要、《水污染防治行动计划》及相关规划提出的环境治理保护重点工程确定。

附件 4

"十三五"各地区氨氮排放总量控制计划

地区	2015 年排放量 （万吨）	2020 年减排比例 （%）	2020 年重点工程减排量 （万吨）
北京	1.6	16.1	0.24
天津	2.4	16.1	0.38
河北	9.7	20.0	1.59
山西	5.0	18.0	0.61
内蒙古	4.7	7.0	0.28
辽宁	9.6	8.8	0.85
吉林	5.1	6.4	0.20

地区	2015 年排放量 （万吨）	2020 年减排比例 （%）	2020 年重点工程减排量 （万吨）
黑龙江	8.1	7.0	0.48
上海	4.3	13.4	0.53
江苏	13.8	13.4	1.25
浙江	9.8	17.6	0.85
安徽	9.7	14.3	1.07
福建	8.5	3.5	0.30
江西	8.5	3.8	0.32
山东	15.3	13.4	1.49
河南	13.4	16.6	1.93
湖北	11.4	10.2	1.02
湖南	15.1	10.1	1.41
广东	20.0	11.3	1.54
广西	7.7	1.0	0.08
海南	2.1	1.9	0.04
重庆	5.0	6.3	0.32
四川	13.1	13.9	1.74
贵州	3.6	11.2	0.41
云南	5.5	12.9	0.67
西藏	0.3	—	—
陕西	5.6	10.0	0.38
甘肃	3.7	8.0	0.28
青海	1.0	1.4	0.01
宁夏	1.6	0.7	0.01
新疆	4.0	2.8	0.09

续表

地区	2015 年排放量 （万吨）	2020 年减排比例 （%）	2020 年重点工程减排量 （万吨）
新疆生产 建设兵团	0.5	2.8	—

注：2020 年减排比例根据各地区地表水质量改善任务确定，重点工程减排量根据"十三五"规划纲要、《水污染防治行动计划》及相关规划提出的环境治理保护重点工程确定。

附件 5

"十三五"各地区二氧化硫排放总量控制计划

地区	2015 年排放量 （万吨）	2020 年减排比例 （%）	2020 年重点工程减排量 （万吨）
北京	7.1	35	1.8
天津	18.6	25	2.8
河北	110.8	28	18.4
山西	112.1	20	22.4
内蒙古	123.1	11	13.5
辽宁	96.9	20	14.4
吉林	36.3	18	5.2
黑龙江	45.6	11	4.3
上海	17.1	20	3.4
江苏	83.5	20	13.3
浙江	53.8	17	9.1
安徽	48.0	16	5.2
福建	33.8	—	3.5
江西	52.8	12	6.3
山东	152.6	27	35.0
河南	114.4	28	20.5
湖北	55.1	20	10.9

续表

地区	2015 年排放量 （万吨）	2020 年减排比例 （%）	2020 年重点工程减排量 （万吨）
湖南	59.6	21	8.5
广东	67.8	3	2.0
广西	42.1	13	4.5
海南	3.2	—	0.4
重庆	49.6	18	8.1
四川	71.8	16	11.2
贵州	85.3	7	6.0
云南	58.4	1	0.6
西藏	0.5	—	—
陕西	73.5	15	11.0
甘肃	57.1	8	4.6
青海	15.1	6	0.9
宁夏	35.8	12	4.3
新疆	66.8	3	2.0
新疆生产建设兵团	11.0	13	0.9

注：2020 年减排比例根据各地区空气质量改善任务确定，重点工程减排量根据"十三五"规划纲要、《大气污染防治行动计划》及相关规划提出的环境治理保护重点工程确定。

附件 6

"十三五"各地区氮氧化物排放总量控制计划

地区	2015 年排放量 （万吨）	2020 年减排比例 （%）	2020 年重点工程减排量 （万吨）
北京	13.8	25	0.7
天津	24.7	25	3.5
河北	135.1	28	19.9

续表

地区	2015 年排放量 （万吨）	2020 年减排比例 （％）	2020 年重点工程减排量 （万吨）
山西	93.1	20	16.3
内蒙古	113.9	11	12.5
辽宁	82.8	20	14.9
吉林	50.2	18	9.0
黑龙江	64.5	11	7.1
上海	30.1	20	5.2
江苏	106.8	20	18.7
浙江	60.7	17	10.3
安徽	72.1	16	9.0
福建	37.9	—	4.6
江西	49.3	12	5.9
山东	142.4	27	31.0
河南	126.2	28	15.8
湖北	51.5	20	5.9
湖南	49.7	15	6.3
广东	99.7	3	3.0
广西	37.3	13	3.3
海南	9.0	—	1.2
重庆	32.1	18	2.8
四川	53.4	16	3.7
贵州	41.9	7	2.9
云南	44.9	1	0.4
西藏	5.3	—	—
陕西	62.7	15	9.4

续表

地区	2015 年排放量 （万吨）	2020 年减排比例 （%）	2020 年重点工程减排量 （万吨）
甘肃	38.7	8	3.1
青海	11.8	6	0.7
宁夏	36.8	12	4.4
新疆	63.7	3	1.9
新疆生产 建设兵团	9.9	13	1.3

注：2020 年减排比例根据各地区空气质量改善任务确定，重点工程减排量根据"十三五"规划纲要、《大气污染防治行动计划》及相关规划提出的环境治理保护重点工程确定。

附件 7

"十三五"重点地区挥发性有机物排放总量控制计划

地区	2015 年排放量 （万吨）	2020 年减排比例 （%）	2020 年重点工程减排量 （万吨）
北京	23.4	25	3.5
天津	33.9	20	4.6
河北	154.6	20	19.5
辽宁	105.4	10	10.5
上海	42.1	20	8.4
江苏	187.0	20	31.2
浙江	139.2	20	25.5
安徽	95.9	10	9.2
山东	192.1	20	38.4
河南	167.5	10	16.6
湖北	98.7	10	9.9

续表

地区	2015 年排放量 （万吨）	2020 年减排比例 （%）	2020 年重点工程减排量 （万吨）
湖南	98.3	10	7.9
广东	137.8	18	20.7
重庆	40.2	10	4.0
四川	111.3	5	5.6
陕西	67.5	5	3.4

注："十三五"期间主要推进石化、化工、包装印刷和工业涂装等重点行业挥发性有机物减排，相关指标根据重点行业减排潜力、环境质量改善需求等因素分解落实到各有关省份。

公共机构节约能源资源"十三五"规划

关于印发公共机构节约能源资源"十三五"规划的通知

为贯彻落实党中央、国务院关于加快推进生态文明建设的战略部署,深入推进"十三五"时期全国公共机构节约能源资源工作,根据《中华人民共和国国民经济和社会发展第十三个五年规划纲要》和有关政策精神,我们编制了《公共机构节约能源资源"十三五"规划》,现印发给你们,请结合实际认真贯彻实施。

国管局 国家发展改革委
2016 年 6 月 28 日

根据《中华人民共和国节约能源法》《中华人民共和国国民经济和社会发展第十三个五年规划纲要》《党政机关厉行节约反对浪费条例》《公共机构节能条例》和有关政策法规,为深入推进"十三五"时期公共机构节约能源资源工作,促进生态文明建设,制定本规划。

一、工作回顾和面临的形势

"十二五"期间,各地区、各部门认真贯彻落实党中央、国务院的决策部署,坚持以推进生态文明建设为统领,以节约型公共机构建设为主线,以降低能源资源消耗、提高能源资源利用效率为目标,扎实推进公共机构节约集约利用能源资源工作,圆满完成了"十二五"的目标和任务。

(一)主要成效

——能源资源消费总量增速放缓。2015 年全国公共机构约175.52 万家,能源消费总量1.83 亿吨标准煤,约占全社会能源消费总量的 4.26%，用水总量 125.31 亿立方米，约占全社会城镇用水总量的 16%。"十二五"时期，能源消费总量、用水总量年均增速较"十一五"时期分别下降了 1.43、1.58 个百分点。

——能源消费结构渐趋优化。2015 年公共机构能源消费结构：电力占 45.37%，原煤占 30.86%，其他占 23.77%。与 2010 年相比，电力比重上升了 11.07 个百分点，原煤下降了 17.16 个百分点。

——能源资源利用效率不断提高。2015 年，全国公共机构人均综合能耗 370.73 千克标准煤/人；单位建筑面积能耗 20.55 千克标准煤/平方米；人均用水量 25.35 立方米/人。与 2010 年相比，人均综合能耗下降了 17.14%，单位建筑面积能耗下降了 13.88%，人均水耗下降了 17.84%。

（二）工作进展

——健全组织管理。省级公共机构节能管理部门的职能得到强化，大多数地（市）和部分县（区）成立了公共机构节能管理机构，公共机构节能管理部门与发展改革、财政、住房城乡建设、环境保护、水利等部门的沟通协调日趋顺畅，与教科文卫体等行业主管部门的协作配合更为密切，基本形成了纵向联动、横向协同的节能工作推进机制。

——完善制度标准。国家层面制定修订了能源资源消费统计、能源审计、监督考核等制度和计量器具配备、办公用房节能改造、示范单位评价以及节约型机关、学校、医院等评价标准；各地结合实际制定了节能管理制度以及能耗定额、节水型单位建设等评价标准，提高了节能工作的法治化、规范化水平。

——规范计量统计。持续推进能源资源消费统计工作，组织完成 85 万家公共机构名录库建设，参与能源资源消费统计的机构数量由 2010 年的 48.6 万家增加到 2015 年的近 75 万家。部属高校、卫生计生委属（管）医院能耗统计工作卓有成效。各地区积极推进统计工作信息化和能耗监测系统建设，统计数据质量逐年提高，统计分析水平不断提高，统计工作信息化取得新进展。

——加强监督考核。各级人民政府将公共机构节能作为对下级节能目标责任评价考核的内容。各地区公共机构节能考核工作不断深入，节能执法、节能监察等监管手段得到加强，部分地区将公共机构节能纳入政府绩效考核体系，对工作突出的市县和单位进行了表彰和奖励。

——实施重点工程。"十二五"期间，各地区以建筑及其用能系统、附属设施、新能源和可再生能源应用、节水和资源综合利用等为重点领域，累计投入财政资金超过 80 亿元，推广应用节能新技术新产品，实施了绿色照明、绿色数据中心、既有建筑供热计量和节能改造、零待机能耗计划、节能和新能源公务用车、燃气灶具改造等重点工程，为实现节能目标提供了有力支撑。

——开展试点示范。完成 2050 家节约型公共机构示范单位创建，部分省（区、市）开展了省级、地市级节约型公共机构示范单位创建工作，较好地发挥了对各级各类公共机构的引领带动作用，对全社会节能减排作出了表率。积极推动节水型单位创建，30 个省（区、市）出台了节水型单位建设标准，1380 家省直公共机构建成节水型单位，中央国家机关本级全部建成节水型单位。在中央国家机关和 8 个省（区、市）积极推进废旧商品回收体系建设试点。

——开展宣传培训。积极开展节能宣传周、全国低碳日、中国水周活动，充分利用电视、报刊、网络、微信等媒体，广泛开展节能法律法规和基本知识宣传教育，广大干部职工节能减排、生态环保意识逐步增强。各地区采用面授、远程教育等方式，培训节能管理人员 190 余万人次，节能管理能力得到增强。

（三）面临的形势

"十二五"期间，公共机构节约能源资源工作取得了明显成效，但是，由于各地区经济社会发展水平、气候环境条件差异较大，公共机构点多线长面广、基础条件各不相同，导致地区之间、各类公共机构之间节约能源资源工作发展不够平衡、不够协调，不同程度地存在与经济社会发展、环境资源要求不相适应，节能管理监督不到位，能源资源利用效率偏低等问题。一是节能管理体制机制不够完善。有的地区公共机构节能管理体系不够健全，相关职能部门之间的协调机制不够顺畅，市、县以下节能管理还比较薄弱。有的地区尚未形成财政支持保障机制。二是市场机制利用不充分，合同能源管理、政府与社会资本合作等市场化机制在公共机构节能领域的应用不够广泛。三是激励约束机制不够健全。公共机构开展节能工作的内生动力不足，节能管理能力有待进一步提升，干部职工参与节能工作的主动性、积极性需要提高。

"十三五"时期，经济社会发展面临的能源资源约束趋紧、生态环境恶化趋势尚未得到根本扭转，能源资源环境瓶颈依然突出。中共中央、国务院印发的《关于加快推进生态文明建设的意见》，为公共机构节约能源资源工作指明了方向。《中华人民共和国国民经济和社会发展第十三个五年规划纲要》提出的全面推动能源节约、推进节水型社会建设、大力发展循环经济、积极应对气候变化、倡导勤俭节约的生活方式等经济社会发展任务，对公共机构节约能源资源工作提出了新的要求。各级各类公共机构事业发展，特别是教育、医疗、科技和文化等公共服务范围扩大，使能源资源消费需求刚性增长，对公共机构节约能源资源工作提出了新的挑战。

二、"十三五"时期节能工作的总体要求、主要目标

（一）总体要求

以邓小平理论、"三个代表"重要思想、科学发展观为指导，全面贯彻党的十八大、十八届三中、四中、五中全会和习近平总书记系列重要讲话精神，牢固树立和贯彻落实创新、协调、绿色、开放、共享的发展理念，以生态文明建设为统领，以节约型公共机构建设为主线，以改革创新为动力，提升能源资源利用效率，推进能源资源节约循环利用，形成勤俭节约、节能环保、绿色低碳、文明健康的工作和生活方式，充分发挥公共机构的示范引领作用。

（二）主要目标

——管理目标。健全节约能源资源管理体系，建立比较完善成

熟的公共机构节约能源资源组织管理体系、制度标准体系、技术推广体系、统计监测体系、监督考核体系、宣传培训体系。

——量化目标。实施能源和水资源总量与强度双控，公共机构能源消费总量控制在 2.25 亿吨标准煤以内，用水总量控制在 140 亿立方米以内。以 2015 年能源资源消费为基数，2020 年人均综合能耗下降 11%、单位建筑面积能耗下降 10%，人均用水量下降 15%。

根据气候特征、经济社会发展水平等因素，采用差异化方式分解下达各地区公共机构节能量化目标。

（三）发展理念

——坚持创新发展。创新发展是推进公共机构节约能源资源工作的根本动力。把创新贯穿公共机构节约能源资源工作的各方面和全过程，推进节能管理工作的制度创新、机制创新、方式创新、科技创新，不断提高节能工作科学化、信息化水平。

——坚持协调发展。协调发展是推进公共机构节约能源资源工作的内在要求。协调好公共机构节能管理部门与相关业务主管部门的关系，协调好节约能源资源与保障业务发展的关系，协调好示范引领与全面推进的关系，完善协调配合机制，推进不同区域、不同类型、不同层级公共机构节能工作的协调发展。

——坚持绿色发展。绿色发展是推进公共机构节约能源资源工作的目标愿景。节约能源资源既是绿色发展的组成部分，又是助推绿色发展的重要举措。要通过节约能源资源工作，推动公共机构实现绿色生产、绿色消费，为全社会的绿色发展发挥积极作用。

——坚持开放发展。开放发展是推进公共机构节约能源资源工作的重要途径。推进公共机构节约能源资源工作，核心是增强公共机构的内在动力，目标是提高能源资源节约集约利用效率，必须坚持依靠自身努力和借助外力并重，坚持引资引技引智并举，推进节能信息公开，提升公共机构节约能源资源的社会化、专业化水平。

——坚持共享发展。共享发展是公共机构节约能源资源工作的价值追求。公共机构要发挥节约能源资源的示范带动作用，形成人人有责、人人尽力、人人共建、人人共享的新风尚，在提供公共服务的过程中，让社会公众共享节能减排成果。

（四）基本思路

——推进依法管理。加强《党政机关厉行节约反对浪费条例》《公共机构节能条例》配套制度建设，逐步形成科学规范、管理严格、覆盖全面、操作性强的节约能源资源制度体系，依法依规开展节能指导、推进、协调、监管、统计、审计、考核、责任追究等工作，推动节能法规制度的贯彻落实。

——用好市场机制。激发公共机构节能服务的市场需求，加快推行合同能源管理、政府与社会资本合作等模式，鼓励和引导公共机构利用社会资本参与节能改造、能源管理。适应机关事业单位后勤服务社会化改革的要求，充分发挥物业服务企业在能源管理中的重要作用，提高节能管理专业化水平。

——实施分类管理。根据各地区的不同经济发展水平、气候特征，以及不同类型、不同层级公共机构的特点，设定更加合理的节能目标。加强能源资源消费基准线研究，逐步建立分级分类的节能目标评价体系，鼓励实行能耗定额管理。

——突出重点管理。实施重点用能单位管理制度，分级分类确定重点用能单位能耗标准，建立重点用能单位名录，加强对重点用能单位的指导监督，推动重点用能单位带头执行国家节能减排政策，发挥重点用能单位的示范带动作用。

三、开展绿色行动

（一）开展绿色建筑行动

严格新建建筑节能评估审查，提高新建建筑能效水平。加强施工建设过程的节能监管，推动党政机关办公和业务用房、学校、医院、博物馆、科技馆、体育馆等建筑新建项目全面执行工程建设节能强制性标准和绿色建筑标准。鼓励建设超低能耗建筑。推进既有建筑绿色化改造，以围护结构保温节能改造为重点，实施节能、环境整治、抗震等综合改造，推广采用安全高效保温墙体材料和节能门窗等绿色建材，改造面积达到 1.6 亿平方米；推进供暖、空调、配电、照明、电梯等重点用能设备节能改造，实施北方采暖地区公共机构供热系统计量节能改造，实施空调通风系统节能改造，完成1000 万平方米节能改造；组织实施既有办公建筑绿色化改造示范项目，中央国家机关本级进行大中修的办公建筑均要达到绿色建筑标准。

（二）开展绿色办公行动

严格执行节能环保产品强制采购制度，优先采购节能、节水、节材产品。优化办公家具、设备等配置，盘活存量资产，减少资产的闲置浪费。推进节能信息公开，发挥节能信息对绿色办公的促进作用。推广办公电子化、无纸化，减少纸质文件、资料印发数量，倡导采用电视、电话的会议方式，减少使用签字笔、纸杯、餐具、塑料袋等一次性办公用品，推广使用环保再生纸、再生鼓粉盒等资源再生产品。严格执行空调设定温度夏季不低于 26 度、冬季不高于 20 度的规定。积极参与大气、水、土地污染防治工作，营造绿色办公环境。

（三）开展绿色出行行动

大力倡导"1 公里以内步行、3 公里以内骑自行车、5 公里左右乘坐公共交通工具"的绿色低碳出行方式，推动公共机构建设公共自行车网点，为干部职工践行"135"出行方式提供便利条件。引领新能源汽车的消费和应用，新建和既有停车场要规划建设配备充电设施或预留充电设施安装条件，比例不低于 10%，中央国家机关及所属在京公共机构比例不低于 30%。在大中城市鼓励采用自助分时租赁等商业模式，引进社会资本参与充电桩建设、提供新能源汽车应用服务。逐步提高配备更新公务用车中新能源汽车的比例。

（四）开展绿色食堂行动

推广应用节能节水餐饮设施设备，安装节能高效油烟净化设施，保证油烟排放达标；推进餐厨废弃物资源化利用，具备条件的公共机构要安装餐厨废弃物就地资源化处理设备。引导绿色食品采购，建立绿色食堂评价标准，加强食堂精细化管理，开展绿色食堂创建。深入开展反食品浪费行动，引导干部职工养成爱惜粮食、节约粮食的良好习惯。

（五）开展绿色信息行动

加强机房节能管理，建设机房能耗与环境计量监控系统，对数据中心机房运行状态及电能使用效率（PUE）、运行环境参数进行监控，提高数据中心节能管理水平。开展绿色数据中心试点，实施数据中心节能改造，改造后机房能耗平均降低 8% 以上，平均 PUE 值达到 1.5 以下。组织实施中央国家机关 5000 平方米绿色数据中心机房改造。加大公共机构采购云计算服务的力度，鼓励应用云计算技术整合改造现有电子政务信息系统，实现数据信息网络互联互通，数据信息资源共享共用，减少数据信息资源浪费。

（六）开展绿色文化行动

加强节约能源资源和生态文明建设宣传引导，广泛开展节能宣传周、全国低碳日、中国水周等主题宣传活动，普及生态文明法律法规、科学知识，树立生态文明理念，培育生态文明道德。积极倡导公共机构开展个人工作生活"碳足迹"计算，减少个人工作生活对自然环境的影响，践行减少"碳足迹"的环保理念。

四、实施节能工程

（一）实施燃煤锅炉节能环保综合提升工程

加快整治小型燃煤锅炉，地市级以上城市建成区的公共机构基本淘汰 10 蒸吨/时以下的燃煤锅炉，禁止新建 20 蒸吨/时以下的燃煤锅炉；加快淘汰小型分散燃煤锅炉，将城市热力管网覆盖区域的公共机构纳入城市集中供热。有条件的地区，推动公共机构采用分布式燃气机组代替燃煤锅炉。对未纳入整治范围的燃煤锅炉，实施燃烧优化、自动控制、低温烟气余热回收、太阳能预热、冷凝水回收利用等节能技术改造试点，改造燃煤锅炉 5000 蒸吨。推进锅炉系统的安全、节能、环保标准化管理，建立锅炉能源管理系统，加强在线节能环保监测和诊断。中央国家机关开展 1000 蒸吨燃煤锅炉节能环保综合改造。

（二）实施可再生能源应用工程

推广太阳能光伏、光热等可再生能源应用，开展"互联网＋"分布式能源站建设；推广热泵技术，在具备条件的公共机构实施地源、水源、空气源热泵示范项目，提高可再生能源在能源消费总量中的比例，优化能源消费结构。建立资源回收利用长效机制，推进废旧电子产品、办公用品等循环综合利用，加强废旧商品、生活垃圾等分类收集，推广应用智能型自动回收机，回收利用率达到 80%以上。

（三）实施节地节水工程

严格落实土地规划利用有关法规政策，节约集约使用各类土地，合理开发利用地上、地下空间资源。落实最严格水资源管理制度，对建设项目严格进行水资源利用论证，实行节水设施与主体工程同设计、同施工、同投产制度。组织开展节水型单位和节水标杆单位创建，全部省直机关和 50%以上的省属事业单位、中央国家机关所属在京公共机构建成节水型单位。推广应用节水新技术、新工艺和新产品，鼓励采用合同节水管理模式实施节水改造，提高节水器具使用率。完善用水计量器具配备，基本实现用水分户分项计量，在高等院校、公立医院推广用水计量收费。推广水资源循环利用，安装中水利用设施，开展雨水收集利用。

（四）实施节能计量统计基础工程

按照能源资源可计量、可监测、可考核原则，规范公共机构能源资源计量器具配备，公共机构的行政、业务、后勤服务及其他功能区域分区计量器具配备率达到 100%；中央空调和独立食堂、公共浴室、游泳馆等重点用能系统和部位，分项计量器具配备率达到 100%。推进重点用能单位节能监管系统建设，提高用能管理智能化水平。开展统计数据会审和统计工作专项抽查，持续提高统计数据质量，推进数据共享，加强统计数据分析应用，推进公共机构能源资源消费统计信息化，提高统计工作效率。

（五）实施试点示范工程

实施节约型公共机构示范单位创建工作，创建 3000 个国家级示范单位。推动省级、地市级示范单位创建工作，实现"县县有示范"的目标。建设示范单位信息管理系统，开展示范单位动态管理、节能效果评价复核和创建交流活动。实施公共机构能效领跑者制度，建立公共机构能效领跑者评价标准体系，评选 200 家能效领跑者。推进合同能源管理、合同节水管理，完成 600 个示范项目。推进节约型办公区建设，中央国家机关本级建成节约型办公区。

（六）实施管理能力提升工程。

完善节能管理业务培训机制，建立上下联动、条块结合的培训组织体系。深化与高等院校、科研院所和节能服务企业的合作，提高面授和远程培训效果。中央国家机关、省级及地市级节能管理负责人面授培训实现全覆盖，节约型公共机构示范单位和重点用能单位面授培训达到 80% 以上，完成 100 万人次以上节能教育培训，5 万人次以上远程节能培训，提升各级各类节能管理人员的能力素质。

五、完善保障措施

（一）加强组织领导

各地区、各部门要加强对节约能源资源工作的统筹谋划和组织领导，结合实际进一步明确目标任务和保障措施，逐级分解落实到年度计划中。各级节能管理部门要全面履行职能，加强指导协调和管理监督，完善由机关事务管理、发展改革、教育、工业和信息化、财政、环境保护、住房城乡建设、水利、商务、卫生计生、能源等部门参与的协同推进机制，形成纵向联动、横向协调、执行有力、运转顺畅的协调机制。要及时研究新情况、解决新问题、推广新经验、一级抓一级，层层抓落实。

（二）健全制度标准

推进能源管理体系建设，完善计量统计、能源审计、监督考核、降低碳排放等配套制度标准，形成科学规范、管理严格、覆盖全面、监管统一的制度体系。公共机构按合同能源管理改造合同支付给节能服务公司的支出，视同能源费用列支或计入相关支出。根据不同区域、不同类型公共机构能源资源消费特点，完善节约型公共机构分类评价标准，制定公共机构能效领跑者评价标准。推动建立能源资源消费基准线和能耗定额标准，强化能耗强度控制。

（三）加强监督考核

把公共机构节能纳入政府绩效和对下级政府节能考核内容。建立和完善节约能源资源目标责任制，开展年度考核，落实奖惩措施。强化节能监察，推进节能执法。建立健全能源资源消费信息通报和公开制度。对年能源消费量 500 吨标准煤以上或年电力消费 200 万千瓦时以上以及建筑面积 1 万平方米以上的公共机构或集中办公区开展能源审计。

（四）落实资金保障

发挥财税、金融等政策的引导作用，加强节能预算资金管理，进一步完善节能资金保障机制；鼓励和引导社会资本参与公共机构节约能源资源工作，运用市场机制，推动政府与社会资本合作，推广应用合同能源管理、合同节水管理。

（五）强化技术支撑

依托高等院校、科研院所建立技术支撑体系，开展节能关键技术集成示范。完善节能节水技术产品的遴选、鉴定、推广、应用机制。推进互联网、物联网技术与传统节能环保技术的深度融合，提升节约能源资源工作信息化、智能化、科学化水平。

工业和信息化部关于加强"十三五"信息通信业节能减排工作的指导意见

工信部节〔2017〕77号

各省、自治区、直辖市及计划单列市、新疆生产建设兵团工业和信息化主管部门，各省、自治区、直辖市通信管理局，中国通信企业协会，中国电信集团公司、中国移动通信集团公司、中国联合网络通信集团有限公司，中国铁塔股份有限公司，相关单位：

为贯彻落实《信息通信行业发展规划（2016—2020年）》（工信部规〔2016〕424号），引导和推进"十三五"信息通信业节能减排工作，提出如下意见：

一、充分认识信息通信业节能减排的重要性

"十二五"期间，信息通信业按照国家节能减排总体部署，深入推进节能减排技术进步和科技创新，深化节能减排管理体系建设，大力推进节能减排新技术应用，积极开展老旧高耗能设备退网，深入实施电信基础设施共建共享，着力推动国家绿色数据中心试点建设，深入推进网络光纤化改造，推动构建绿色信息通信网络。新建大型数据中心的能耗效率（PUE）值普遍低于1.5，单位电信业务总量综合能耗从2010年的52.1千克标准煤/万元下降到2015年的31.5千克标准煤/万元，累计下降39.7%，提前并超额完成了"十二五"节能减排目标，节能减排工作取得显著成效。

"十三五"是建设网络强国、构建新一代信息基础设施的关键期，《信息通信行业发展规划（2016—2020年）》提出"十三五"行业内节能技术广泛应用，高耗能网络设备大规模减少，形成完善的绿色评价体系和机制，达到与生态文明建设相适应的行业绿色发展水平。这些都对信息通信业的绿色发展提出了更高要求。提升绿色化水平是推动信息通信网络发展的必然途径，全行业必须充分认识开展节能减排的重要性和紧迫性，加大科技创新和研发力度，大力推进节能减排工作，为国家生态文明建设做出积极贡献。

二、总体要求

（一）指导思想

全面贯彻落实党的十八大和十八届三中、四中、五中、六中全会精神，牢固树立和贯彻落实创新、协调、绿色、开放、共享的发展理念，着力推进供给侧结构性改革，以信息化应用促进全社会节能减排为重点，以提升信息通信业资源能源利用效率为主线，以绿色科技创新为支撑，以政策法规标准制度建设为保障，大力推进信息通信产业升级，建立健全信息通信业绿色发展长效机制，走高效、清洁、低碳、循环的绿色发展道路，促进行业健康和可持续发展。

（二）基本原则

——坚持政策引导与市场推动相结合。通过加强政策引导，发挥市场配置资源的决定性作用，以企业为主体，推动信息通信业节能减排工作迈上新台阶。

——坚持协调发展与融合共享相结合。大力推进三网融合发展，创新合作模式，做好现网升级改造的统筹规划，促进 3G/4G/5G 及无线宽带网络协调发展，推进能源管理信息化建设，推动实现网络资源高效利用。

——坚持过程节能与产品节能相结合。强化新建工程的设计、建设、运维等全生命周期过程的节能管理，推广高效节能技术产品，提升信息通信业整体能效水平。

（三）主要目标

到 2020 年，信息通信网络全面应用节能减排技术，高能耗老旧通信设备基本淘汰；电信基础设施共建共享全面推进；通信业能耗基本可比国际先进水平，实现单位电信业务总量综合能耗较 2015 年底下降 10%；新建大型、超大型数据中心的能耗效率（PUE）值达到 1.4 以下；新能源和可再生能源应用比例大幅提升。

三、重点任务

（一）以信息通信技术应用带动全社会节能减排

通过促进"互联网+"、共享经济发展推动传统行业转型升级，推动能源管理信息化系统在重点行业中的应用，对企业能源输配和消耗情况实施动态监测、控制和优化管理，不断加强企业对能源的平衡、调度、分析和预测能力，实现企业用能的精细化和数字化管理。

（二）加强行业节能减排技术创新推广

1. 创新推广绿色网络技术。全面推进信息通信业节能减排改造及技术创新，强化技术节能，积极构建先进绿色网络。新建通信网络全面采用节能减排新技术和设备，推进通信网络结构性和系统性节能减排创新；积极推进现网老旧高耗能传统设备退网，加快传统交换设备和高耗能设备的升级改造；加快电信用户向光纤网络迁移，深入推进光网城市建设。

2. 创新推广绿色数据中心技术。推广绿色智能服务器、自然冷源、余热利用、分布式供能等先进技术和产品的应用，以及现有老旧数据中心节能改造典型应用，加快绿色数据中心建设；认真执行绿色数据中心相关标准，优化机房的油机配备、冷热气流布局，从机房建设、主设备选型等方面进一步降低能耗。

3. 创新推广云计算等新一代信息节能技术。鼓励互联网企业开放平台资源，加强行业云服务平台建设，支持行业信息系统向云平台迁移。加速软件定义网络（SDN）/网络功能虚拟化（NFV）技术在信息通信网络结构优化升级中的应用，提升网络资源的利用率，降低运营成本。加强信息系统（IT）服务器的节能管理，通过资源虚拟化、云化等科技手段提高服务器资源利用率。

4. 创新推广能源高效利用和新能源技术。推进电力能源高效使用，推广高压直流供电和高效模块化不间断电源等节能技术和设备，提高风能、太阳能、新型蓄电池等新能源占比。

（三）积极推进行业结构性节能减排

1. 深化基础资源共建共享。做好城市通信基础设施专项规划编制工作，加大电信管道、杆路、铁塔、基站机房、光缆、住宅小区电信设施的共建共享力度，实现电信基础设施集约建设；扩展基础设施共建共享的深度和广度，探索跨行业的共建共享，扩大共建共享带来的节能效应。

2. 推动绿色供应链建设。积极推动行业设备研发、制造、运输、回收等全生命周期节能减排，加快构建信息通信业供应链绿色标准体系，提高节能、节水、节地、节材指标及计量要求。加强联合研发，共同推动无线、信息系统和传输网等设备降低功耗，推广绿色包装应用，加强废旧设备管理，不断完善对信息通信废弃设备的回收管理，减少对环境的影响，推动绿色循环发展。

（四）推动企业节能减排管理体系与平台建设

1. 加强企业节能减排管理制度建设。推动信息通信行业企业逐步完善节能减排目标责任制，逐级落实节能减排目标、责任单位和责任人，健全节能减排各项规章制度，完善节能减排组织管理体系、能耗统计体系、绩效考核管理体系等。

2. 深化节能减排统计监测平台建设。运用物联网、大数据、云计算技术，对信息通信行业企业能源消耗情况实施动态监测、控制和优化管理，提高分析、预测和平衡调度能力，实现节能减排的精准化管控。

（五）完善行业节能减排政策标准体系建设

进一步完善信息通信设备节能分级标准及绿色数据中心相关标准，充分发挥标准的引导和约束作用，加快构建信息通信业绿色供应链，有效支撑行业节能减排工作。

（六）探索与创新市场推动机制

1. 建立健全第三方节能服务机制。创新合同能源管理，健全利益分享机制，推广能源费用托管、节能量保证、节能设备租赁等商业模式，满足用能单位的个性化需求。充分发挥第三方服务机构的作用，为企业提供检测、认证、培训等服务，为节能减排新技术、新政策、新标准的研究制定和应用建言献策，共同推进节能减排工作。

2. 建立健全节能金融服务模式。加强产融衔接，探索建立绿色信贷、绿色债券、绿色产业基金支持信息通信业节能减排项目建设的服务模式，推动企业落实节能减排技术改造和新技术新产品推广，实现行业绿色发展。

四、保障措施

（一）加强行业指导与监管

积极开展信息通信业节能减排政策、标准、规范的研究制定工作，编制信息通信业节能减排新技术指导目录及老旧高耗能通信设备淘汰指导目录，提升行业重点环节、重点领域节能减排工作。

（二）加大政策支持力度

加大工业转型升级、节能减排等专项财政资金对信息通信行业节能减排的支持力度。落实节能减排税收优惠和政府采购政策，加快绿色产品的推广应用。鼓励金融机构为信息通信业企业节能减排项目提供便捷、优惠的担保服务和信贷支持。

（三）强化企业主体责任

基础电信企业应进一步加强节能减排管理，健全企业节能减排相关制度。鼓励互联网企业落实节能减排责任，针对数据中心、云计算平台、内容分发网络（CDN）设施等高耗能环节开展技术创新和推广工作。各单位应积极落实相关法律法规，执行节能减排相关标准，定期开展节能教育及岗位培训。

（四）加强宣传交流

充分利用基础电信企业和互联网企业信息平台优势，运用多种渠道开展节能减排宣传，发挥好引导作用。持续提升行业人员对节能减排工作的认识，营造行业节能减排氛围。积极开展国际合作和交流，借鉴国外先进经验和做法，创新工作思路，不断提高行业节能减排水平。

工业和信息化部

2017 年 4 月 19 日

公路、水路交通实施《中华人民共和国节约能源法》办法

中华人民共和国交通运输部令
2008 年第 5 号

《公路、水路交通实施〈中华人民共和国节约能源法〉办法》已于 2008 年 6 月 25 日经第 7 次部务会议通过，现予公布，自 2008 年 9 月 1 日起施行。

交通运输部部长
二〇〇八年七月十六日

第一章 总 则

第一条 为促进公路、水路交通节约能源，提高能源利用效率，根据《中华人民共和国节约能源法》，结合交通运输行业发展实际，制定本办法。

第二条 本办法适用于中华人民共和国境内公路、水路交通能源利用及节约能源监督管理活动。

第三条 本办法所称节约能源（以下简称节能），是指加强公路、水路交通用能管理，采取技术上可行、经济上合理以及环境和社会可以承受的措施，在公路、水路交通使用能源的各个环节，有效、合理地利用能源。

第四条 交通运输部负责全国公路、水路交通节能监督管理工作，并接受国务院管理节能工作的部门的指导。

县级以上地方人民政府交通运输主管部门负责本行政区域内交通运输行业的节能监督管理工作，并接受上级交通运输主管部门和同级管理节能工作的部门的指导。

第二章　加强节能管理

第五条　各级人民政府交通运输主管部门应当加强对节能工作的领导，建立健全公路、水路交通节能管理体制，实行节能目标责任制和节能考核评价制度，部署、协调、监督、检查、推动节能工作。

第六条　各级人民政府交通运输主管部门应当实施公共交通优先发展战略，指导、促进各种交通运输方式协调发展和有效衔接，引导优化交通运输结构，建设节能型综合交通运输体系。

第七条　各级人民政府交通运输主管部门应当组织开展交通运输行业节能的宣传教育，增强交通运输行业节能意识。

第八条　交通运输部将公路、水路节能纳入交通发展规划，并根据交通发展规划组织编制和实施公路、水路交通节能规划。

县级以上地方人民政府交通运输主管部门可以根据本行政区域实际情况，在前款规定的公路、水路交通节能规划的范围内，制定本行政区域交通运输行业节能规划。

第九条　交通运输部建立公路、水路交通能源消耗报告、统计、分析制度，配合国务院统计部门加强对统计指标体系的科学研究，改进和规范能源消耗统计方法，做好公路、水路交通能源利用状况的统计和发布工作。

县级以上地方人民政府交通运输主管部门应当建立本行政区域公路、水路交通能源消耗报告、统计、分析制度。

第十条　各级人民政府交通运输主管部门应当严格执行交通运输营运车船燃料消耗量限值国家标准，组织建立交通运输营运车船燃料消耗检测体系并加强对检测的监督管理，确保交通运输营运车船符合燃料消耗量限值国家标准。

前款规定的交通运输营运车船燃料消耗量限值国家标准，由交通运输部会同国务院有关部门制定。在该标准出台前，交通运输部先行制定并实施交通运输营运车船燃料消耗量限值的行业标准。

第十一条　交通运输部制定、修订装机功率超过 300 千瓦的港口机械等交通用能设备的单位产品能耗限值标准，并由各级交通运输主管部门组织推广。

第十二条　交通固定资产投资项目严格执行投资项目节能评估和审查制度，确保项目符合强制性节能标准。具体评估办法按照国务院管理节能工作的部门会同国务院有关部门制定的有关规定执行。

第十三条　各级人民政府交通运输主管部门应当鼓励、支持开发先进节能技术，会同有关部门确定公路、水路交通开发先进节能技术的重点和方向，建立和完善交通节能技术服务体系。

交通运输部适时公布"营运车船节能产品（技术）目录"，引导使用先进的节能产品、技术，促进节能技术创新与成果转化。

交通运输部和省级人民政府交通运输主管部门负责组织实施交通运输行业重大节能科研项目、节能示范项目、重点节能工程。

第十四条　各级人民政府交通运输主管部门应当组织公路、水路交通节能检测机构建立节能监测体系，通过节能检测机构提供的节能检测结果，获取节能监测数据。

节能检测机构应当及时提供公路、水路交通节能检测结果，并对所提供的数据负责。

第十五条　各级人民政府交通运输主管部门应当向本级人民政府财政部门申请将节能工作经费列入财政预算，用于支持节能监督管理体系建设、节能技术研究开发、节能技术和产品的示范与推广、重点节能工程的实施、节能宣传培训、信息服务和表彰奖励等工作。

交通运输行业建立节能激励机制，逐步形成以国家和地方资金为引导、企业资金为主体的交通节能投入机制，设立各个层次的节能专项资金，用于鼓励、支持节能产品和技术的开发、推广和应用。

第十六条　节能技术服务机构、行业学会、协会等中介组织可以在交通运输主管部门的指导下，开展节能知识宣传和节能技术培训，提供节能信息、节能示范和其他节能服务。

第三章　交通用能单位合理使用与节约能源

第十七条　交通用能单位应当加强节能管理，制定并实施节能计划和节能技术措施，建立和完善节能管理制度，根据生产过程中运量、运力、施工作业等多种因素变化情况及时调整生产计划，提高交通用能设备的使用效率。

第十八条　交通用能单位应当加强对本单位职工的节能教育，促进本单位职工树立节能意识，并建立节能目标责任制，将节能目标完成情况作为绩效考核的内容之一。

交通用能单位可以根据本单位实际情况建立专项节能奖励机制，对节能工作取得成绩的集体、个人给予奖励。

第十九条　交通用能单位应当按照国家有关计量管理的法律、法规和有关规定，加强能源计量管理，配备和使用经依法检定合格和校准的能源计量器具，对各类能源的消耗实行分类计量。

第二十条　交通用能单位应当建立能源消耗统计制度，建立健全能源计量原始记录和统计台帐，确保能源消耗统计数据真实、完整，并按照规定向有关部门报送有关统计数据和资料。

第二十一条　交通用能单位应当制定并执行本单位产品能耗定额标准，并定期对用能设备进行技术评定，对技术落后的老旧及高耗能设备，提出报废、更新、改造计划。

第二十二条　交通用能单位应当编制有利于节能的生产操作规程，并开展节能教育和节能培训；经培训考核合格的人员优先在能源管理岗位或者有关高耗能设备操作岗位上工作。

第二十三条　禁止购置、使用国家公布淘汰的用能产品和设备，不得将淘汰的用能产品、设备转让或者租借给他人使用。

第二十四条　交通用能单位不得对能源消费实行包费制。

第二十五条 交通重点用能单位应当定期向交通运输部、省级交通运输主管部门报送上一年度的能源利用状况报告。

交通能源利用状况报告应当包括以下内容：

（一）能源购入和消耗量；

（二）节能量；

（三）单位产品能耗或者产值能耗；

（四）用能效率和节能效益分析；

（五）节能措施；

（六）其他需要报告的情况。

本条第一款所称交通重点用能单位是指公路、水路交通年能耗超过 5000 吨标准煤的用能单位。

第二十六条 交通重点用能单位应当设立能源管理岗位，在具有节能专业知识、实际经验以及中级以上技术职称的人员中聘任能源管理负责人。

能源管理负责人负责组织对本单位用能状况进行分析、评价，提出并组织实施本单位节能工作的改进措施等。

鼓励交通重点用能单位以外的其他交通用能单位设立能源管理岗位，加强本单位能源管理。

第四章　法律责任

第二十七条 交通用能单位违反本办法有关规定，在科研、设计、生产中违反有关强制性节能标准规定的，由交通运输主管部门在职权范围内责令限期改正，并可以通报批评或者给予责任者行政处分。

第二十八条 交通用能单位有漏报、迟报、虚报、拒报或者其他不按照规定报送能源统计数据的行为的，按照《中华人民共和国统计法》的有关规定处理。

第二十九条 使用国家明令淘汰的用能设备的，将淘汰的用能设备转让他人使用的，或者有其他节能违法行为的，按照《中华人民共和国节约能源法》、《中华人民共和国标准化法》的有关规定处理。

第三十条 交通运输主管部门工作人员在节能管理工作中存在滥用职权、玩忽职守、徇私舞弊等情况的，依法给予行政处分；构成犯罪的，依法移交司法机关处理。

第五章 附 则

第三十一条 本办法自 2008 年 9 月 1 日起施行。2000 年 6 月 16 日原交通部发布的《交通行业实施节约能源法细则》同时废止。

吉林省节约能源条例

（2003 年 9 月 27 日吉林省第十届人民代表大会常务委员会第五次会议通过；根据 2016 年 11 月 17 日吉林省第十二届人民代表大会常务委员会第三十次会议修订）

第一章　总　则

第一条　为了推动全社会节约能源，提高能源利用效率，保护和改善环境，促进本省经济社会全面协调可持续发展，根据《中华人民共和国节约能源法》和有关法律、法规的规定，结合本省实际，制定本条例。

第二条　在本省行政区域内从事能源节约、利用、监督管理及其相关活动，适用本条例。

第三条　本条例所称节约能源（以下简称节能），是指加强用能管理，采取技术上可行、经济上合理以及环境和社会可以承受的措施，从能源生产到消费的各个环节，降低消耗、减少损失和污染物排放、制止浪费，科学、高效、合理地利用能源。

第四条　节能工作实行政府引导、市场运作、科技推动和社会参与的原则，坚持节能与社会经济发展相互促进。

第五条　县级以上人民政府应当将节能工作纳入国民经济和社会发展规划、年度计划，并组织编制和实施节能中长期专项规划、年度节能计划。

县级以上人民政府每年应当向本级人民代表大会或者其常务委员会报告节能工作。

第六条　县级以上人民政府应当安排节能资金，用以支持节能技术研究开发、节能技术和产品的示范应用与推广、重点节能工程的实施、节能宣传培训和信息服务等活动。

第七条　县级以上人民政府应当开发和利用风能、太阳能、生物质能等可再生能源。

第八条 县级以上人民政府发展改革部门应当会同有关部门，开展节能宣传和教育，普及节能科学知识，增强全民的节能意识，提倡节约型的消费方式。

县级以上人民政府应当鼓励新闻媒体、公众对违反本条例规定的行为进行监督。

第二章 节能管理

第九条 县级以上人民政府发展改革部门主管本行政区域内的节能监督管理工作。各级节能监察机构负责具体实施节能监督检查工作。

县级以上人民政府其他有关部门在各自职责范围内负责节能监督管理工作，并接受同级发展改革部门的指导。

第十条 节能工作实行目标责任制和节能考核评价制度。省人民政府对设区的市、自治州及扩权强县试点县（市）人民政府及其负责人节能工作进行考核评价；设区的市、自治州人民政府对县级人民政府及其负责人节能工作进行考核评价。

县级以上人民政府每年向上一级人民政府报告节能目标责任的履行情况。

第十一条 县级以上人民政府负责节能工作的各有关部门应当按照职责加强节能法律、法规和节能标准执行情况的监督检查，依法查处违法用能行为。

各有关部门履行节能监督管理职责不得向被监督单位收取费用。

第十二条 县级以上人民政府发展改革部门应当按照国家规定对固定资产投资项目进行节能审查。不符合强制性节能标准的固定资产投资项目，依法负责项目审批的机关不得批准建设；建设单位不得开工建设；已经建成的，不得投入生产、使用。

第十三条 省标准化主管部门应当会同有关部门，组织有关行业或者专业机构、专业标准化技术委员会制定尚无国家标准和行业标准的强制性用能产品、设备的能源效率标准和高耗能产品能耗限额标准，建立健全节能标准体系。

第十四条 禁止生产、进口、销售国家明令淘汰或者不符合强制性能源效率标准的用能产品、设备；禁止使用国家明令淘汰的用能设备、生产工艺。

省发展改革部门会同省工业和信息化、省质量技术监督等部门按照国家要求，及时公布淘汰的用能产品、设备和生产工艺目录。

第十五条 县级以上人民政府负责节能工作的部门应当鼓励用能产品的生产者、销售者通过节能认证取得节能产品认证证书，使用节能产品认证标志。

政府采购应当优先选用取得节能认证证书的产品。

第十六条 县级以上人民政府负责节能工作的部门应当支持节能服务机构开展节能咨询、设计、评估、检测、审计、认证等服务。

节能服务机构应当按照国家有关规定开展相关业务。

第三章 工业节能

第十七条 县级以上人民政府工业和信息化主管部门负责本行政区域内工业节能的监督管理工作。

第十八条 县级以上人民政府工业和信息化主管部门应当会同同级发展改革部门推动电力、钢铁、有色金属、建材、石化、化工、煤炭等高耗能行业的技术改造。

第十九条 县级以上人民政府工业和信息化主管部门应当鼓励工业企业采用高效节能电动机、锅炉、泵类等设备，采用热电联产、余热余压利用以及先进的用能监测和控制等技术，促进工业领域节能。

第二十条 电网企业应当优先安排清洁、高效和符合规定的热电联产、利用余热余压发电的机组以及其他符合资源综合利用规定的发电机组与电网并网运行。

第四章　建筑节能

第二十一条　各级人民政府鼓励和扶持在新建建筑和既有建筑节能改造中使用新型墙体材料等节能建筑材料、采用太阳能、地热能等可再生能源利用系统。对具备利用条件的建筑，设计单位和建设单位应当选择合适的可再生能源、清洁能源和节能设备，用于采暖、制冷、照明和热水供应等。推动建造方式创新，大力发展装配式混凝土建筑、钢结构建筑和现代木结构建筑。

第二十二条　县级以上人民政府住房和城乡建设主管部门负责本行政区域内建筑节能的监督管理工作。

县级以上人民政府住房和城乡建设主管部门会同同级管理节能工作的部门编制本行政区域内的建筑节能规划。

第二十三条　建筑工程的建设、设计、审图、施工和监理等单位应当遵守建筑节能标准。不符合建筑节能标准的，县级以上人民政府住房和城乡建设主管部门不得批准开工建设；已经开工建设的，应当责令停止施工、限期改正，经整改，符合建筑节能标准的，可以继续施工；已经建成的，不得销售或者使用、限期改正，经整改，符合建筑节能标准的，可以销售或者使用。

第二十四条　县级以上人民政府住房和城乡建设主管部门应当有计划、分步骤地组织实施既有建筑节能改造，实施既有建筑节能改造应当符合建筑节能强制性标准。

第二十五条　县级以上人民政府有关部门建立按照用热量收费的制度。实行集中供热的建筑，供热单位应当分步骤实行供热分户计量。新建建筑或者进行节能改造的既有建筑，供热单位、建筑所有权人、建筑使用权人应当按照规定安装、使用及管理用热计量装置、室内温度调控装置和供热系统调控装置。

第二十六条　大型公共建筑的所有权人或者使用权人应当建立

健全建筑节能管理制度和操作规程,对建筑用能系统进行监测、维护。

第二十七条 县级以上人民政府发展改革部门应当会同同级住房和城乡建设主管部门确定本行政区域内公共建筑重点用电单位及其年度用电限额。

县级以上人民政府住房和城乡建设主管部门应当对本行政区域内国家机关办公建筑和公共建筑的用电情况进行调查统计和评价分析。国家机关办公建筑和大型公共建筑采暖、制冷、照明的能源消耗情况应当依照法律、法规和国家其他有关规定向社会公布。

国家机关办公建筑和公共建筑的所有权人或者使用权人应当对县级以上人民政府住房和城乡建设主管部门的调查统计工作予以配合。

第五章 交通运输节能

第二十八条 县级以上人民政府应当优先发展公共交通,推进综合交通运输体系建设。县级以上人民政府应当根据实际情况发展轨道交通和新能源公交车,建设城市公共交通换乘中心和公交专用车道,完善公共交通服务体系。

县级以上人民政府应当加强非机动车和步行出行设施及相关配套设施建设。

第二十九条 各级人民政府应当鼓励开发、生产、使用节能型汽车、摩托车、铁路机车车辆、船舶和其他交通运输工具,实行老旧交通运输工具的报废、更新制度。

各级人民政府应当鼓励开发、生产、使用交通节能产品。

第三十条 各级人民政府应当鼓励和扶持现代物流业的发展,引导传统道路运输经营者利用现代信息技术向现代物流业转变,降低空驶率,提高能源利用效率。

第三十一条 县级以上人民政府交通运输主管部门负责本行政区域内交通运输节能监督管理工作。

第三十二条 县级以上人民政府交通运输主管部门应当加强交通运输营运车船燃料消耗检测的监督管理，交通运输企业和个人应当保证交通运输营运工具的燃料消耗量符合国家制定的限值标准；不符合标准的，不得用于营运。

第六章 农业节能

第三十三条 县级以上人民政府应当按照统筹规划、因地制宜、多能互补、综合利用、节约资源、保护环境的原则，加强农业和农村节能工作，增加对农业和农村节能技术和节能产品推广应用的资金投入。

第三十四条 县级以上人民政府应当推广农村沼气、大中型养殖场沼气等可再生能源利用技术。

第三十五条 县级以上人民政府农业主管部门负责本行政区域内农业节能的监督管理工作。

县级以上人民政府农业主管部门会同同级发展改革部门制定本行政区域内农业节能规划。

第三十六条 县级以上人民政府农业主管部门应当推广农村省柴节煤灶、节能炕和节能炉等农村节能技术；鼓励、支持发展日光节能温室、太阳能保温畜禽舍等节能技术的推广应用，降低农业生产能耗。

第三十七条 县级以上人民政府农业主管部门应当鼓励和引导农民使用高效节能农业机械产品，加强对农户、农业机械作业服务组织和社会其他组织使用农业机械的优化配置、养护维修、检测等事项的指导和服务。

第七章 公共机构节能

第三十八条 本条例所称公共机构，是指全部或者部分使用财政性资金的机关、事业单位和团体组织。

公共机构应当厉行节约，杜绝浪费，带头使用节能产品、设备，提高能源利用效率。

第三十九条 省人民政府管理机关事务的机构在同级发展改革部门的指导下，负责推进、指导、协调全省的公共机构节能工作。

县级以上人民政府管理机关事务的机构在同级发展改革部门的指导下，负责本级公共机构节能监督管理工作，指导下级公共机构节能工作。

第四十条 县级以上人民政府管理机关事务的机构会同同级有关部门制定和组织实施本级公共机构节能规划，并将节能规划确定的节能目标和指标，按年度分解落实到本级公共机构。

第四十一条 公共机构应当按照规定委托具备资质的审计机构进行能源审计，对本单位用能系统、设备的运行及使用情况进行技术和经济性评价，根据审计结果采取提高能源利用效率的措施。

第四十二条 县级以上人民政府管理机关事务的机构应当制定本级公共机构节能绩效考核评价办法，每年定期对公共机构节能任务和节能目标完成情况进行监督检查和绩效考核评价，并通报考核结果。

第八章　重点用能单位节能

第四十三条 年综合能源消费总量五千吨标准煤以上的用能单位为重点用能单位。年综合能源消费总量三千吨标准煤以上五千吨标准煤以下的用能单位，由县级以上人民政府节能主管部门参照重点用能单位进行管理。

第四十四条 重点用能单位应当建立能源管理体系，制定本单位的节能计划和实施措施，主动采用先进节能管理方法与技术，实施能源利用全过程优化管理。

第四十五条 重点用能单位应当每年向同级发展改革部门如实报送上一年度的能源利用状况报告。能源利用状况包括能源消费情况、能源利用效率、节能目标完成情况和节能效益分析、节能措施等内容。

第四十六条　发展改革部门应当对重点用能单位报送的能源利用状况报告进行审查。对节能管理制度不健全、节能措施不落实、能源利用效率低、未完成节能责任目标的重点用能单位，责令其实施能源审计，并提出书面整改要求，限期整改。

第四十七条　重点用能单位应当设立能源管理岗位，负责本单位的能源管理工作。能源管理负责人应当具备节能专业知识，定期接受相关部门的节能培训。

第四十八条　重点用能单位应当建立健全本单位节能运行管理制度和用能系统操作规程，加强用能系统设备运行调节、维护保养、巡视检查，保证用能系统的运行符合国家及地方相关标准。

第四十九条　重点用能单位应当加强能源计量管理，按照国家规定分类分级配备和使用经依法检定合格的能源计量器具。

重点用能单位应当建立能源消费统计和能源利用状况分析制度，对各类能源的消费实行分类分级计量，并按规定的方法进行计算和统计。统计计量数据必须以合格计量器具的检测数据为基础，以确保能源消费统计数据真实、完整。

第九章　法律责任

第五十条　违反本条例第十二条规定，对不符合强制性节能标准的项目予以批准建设的，由有关部门依法对直接负责的主管人员和其他直接责任人员给予处分。

对未按规定进行节能审查，或者节能审查未获通过，擅自开工建设或者擅自投入生产、使用的固定资产投资项目，由发展改革部门责令停止建设或者停止生产、使用，限期改造；不能改造或者逾期不改造的生产性项目，由发展改革部门报请本级人民政府按国务院规定的权限责令关闭。

第五十一条　违反本条例第十四条规定，生产、进口、销售不符合强制性能源效率标准的用能产品、设备的，由产品质量监督管理部门责令停止生产、进口、销售，没收违法生产、进口、销售的用能产品、设备和违法所得，并处违法所得一倍以上五倍以下罚款；情节严重的，由工商行政管理部门吊销营业执照。

第五十二条 违反本条例第十六条规定，从事节能咨询、设计、评估、检测、审计、认证等服务的机构违反国家规定提供虚假信息的，由发展改革部门责令改正，没收违法所得，并处五万元以上十万元以下罚款。

第五十三条 违反本条例第四十五条规定，重点用能单位未按照规定报送能源利用状况报告或者报告内容不实的，由发展改革部门责令限期改正；逾期不改正的，对重点用能单位处一万元以上五万元以下罚款。

第五十四条 违反本条例第四十六条规定，重点用能单位无正当理由，拒不落实整改要求或者整改没有达到要求的，由发展改革部门对重点用能单位处十万元以上三十万元以下罚款。

第五十五条 违反本条例第四十九条规定，不按照国家规定配备和使用合格能源计量器具或者不按规定方法计算、统计能源计量数据的，瞒报、伪造、篡改能源统计资料或者编造虚假能源统计数据的，由统计、计量部门依照统计和计量有关法律、法规的规定处罚。

第五十六条 国家工作人员在节能管理工作中滥用职权、玩忽职守、徇私舞弊的，依法予以处分；构成犯罪的，依法追究刑事责任。

第十章 附 则

第五十七条 本条例自 2017 年 1 月 1 日起施行。

甘肃省节约能源条例

甘肃省人大常委会公告

《甘肃省节约能源条例》已由甘肃省第十二届人民代表大会常务委员会第二十二次会议于 2016 年 4 月 1 日通过，现予公布，自 2016 年 6 月 1 日起施行。

甘肃省人民代表大会常务委员会
2016 年 4 月 1 日

第一条　为了推进全社会节约能源，提高能源利用效率，保护和改善环境，促进经济社会全面协调可持续发展，根据《中华人民共和国节约能源法》和有关法律、行政法规，结合本省实际，制定本条例。

第二条　本省行政区域内从事能源开发、加工、转换、经营、利用、管理及其他相关活动的单位和个人，应当遵守本条例。

第三条　节约能源坚持政府引导、市场主导、科技推动、社会参与的原则，实行节约与开发并举、节约能源与环境保护共同推进的发展战略。

第四条　县级以上人民政府发展和改革行政部门是节能行政主管部门，负责本行政区域内的节约能源监督管理工作，其所属的节能监察机构，负责本行政区域内节约能源日常监察工作。

县级以上人民政府有关部门在各自职责范围内履行节约能源监督管理工作，并接受本级节能行政主管部门的指导。

第五条　县级以上人民政府应当组织开展多种多样的节约能源宣传和教育活动，普及节约能源知识，增强全社会节约能源意识，提倡节约型生产和消费方式。

第六条 节约能源实行万元地区生产总值能耗指标控制制度和能源消费总量控制制度。

县级以上人民政府编制国民经济和社会发展规划时，应当按照上一级人民政府下达的五年能耗下降目标和上年度节约能源目标任务完成情况，确定本级人民政府节能目标任务。

县级以上人民政府应当将能源消费总量控制目标分解落实到下一级人民政府。

第七条 县级以上人民政府节能行政主管部门应当会同有关部门根据本行政区域内的节约能源目标，按照分类指导、区别对待和统筹兼顾节能责任、节能潜力、节能难度、节能能力的原则，拟定节约能源指标，并报本级人民政府批准后分解下达。

节能行政主管部门在分解确定节约能源指标时，应当广泛征求下级人民政府和重点用能单位的意见，科学论证，合理确定。

节能行政主管部门应当定期向社会发布节能状况公报。

第八条 县级以上人民政府应当建立节约能源目标责任制和节约能源考核评价制度，将节约能源目标完成情况作为对各级人民政府及其负责人考核评价的内容。对重点用能单位节能目标完成情况考核评价结果向社会公布，接受社会监督。

对未完成节能目标的，由上一级人民政府对其进行约谈并督促整改，同时按照有关规定对相关负责人进行问责。

县级以上人民政府应当每年向上一级人民政府和本级人民代表大会或者其常务委员会报告节约能源目标责任的履行情况。

第九条 县级以上人民政府应当优化能源生产和消费结构，支持发展风能、太阳能和生物质能等新能源产业，加快风光电和生物质能利用工程建设，提高清洁能源消费比重。

开展风能和太阳能可再生能源电力配额交易，推动可再生能源就地消纳和清洁能源外送。

支持余热余压余气利用，优先安排余热余压余气发电上网和优先调度。工业余热暖民工程需同步建设应急供热方案。

第十条 县级以上人民政府应当根据本区域经济发展状况适时制定年度落后产能淘汰计划，在支持经济发展的同时，加大淘汰落后产能力度，监督用能单位按照要求在规定期限内实施淘汰。

禁止审批、核准或者备案产能严重过剩行业新增产能项目和落后产能项目。

第十一条 固定资产投资项目节能审查由发展和改革行政部门按照项目管理权限实行分级管理统一审批。

发展和改革行政部门或者节能监察机构应当对节能审查意见落实情况实施监督检查。建设单位在项目竣工验收时，应当对节能审查意见的落实情况进行报送。

第十二条 用能单位应当采取下列节约能源措施：

（一）严格执行国家、行业和本省制定的有关节约能源标准；

（二）加强科学管理，优先采用清洁能源、可再生能源和节约能源新技术、新工艺，淘汰能耗高的用能产品、设备和生产工艺；

（三）建立能源监测制度，实施能源消耗在线监测，配备和使用经依法检定合格的能源计量检测设备，定期对主要用能设备以及本单位的能源利用状况进行技术和经济分析。

第十三条 重点用能单位应当制订年度节能计划，按照规定报送能源利用状况报告。建立能源消耗原始记录和统计台账制度，配备符合要求的能源计量器具，加大节能新技术、新工艺、新设备和新材料的研究开发和推广应用。定期开展能源审计，逐步推行能源计量数据在线采集、实时监测。

第十四条 省节能行政主管部门应当定期向社会公布年综合能源消费总量在五千吨标准煤以上的重点用能单位的名单，加强对重点用能单位管理。

市（州）节能行政主管部门按照重点用能单位管理相关要求，对年综合能源消费总量二千吨以上五千吨以下标准煤的用能单位进行管理。

县级以上人民政府节能行政主管部门或者节能监察机构应当组织对重点用能单位节约能源目标任务完成情况、措施执行情况和固定资产投资项目节能审查意见落实情况进行监督检查。

鼓励和支持重点用能单位开展能源管理体系认证。

第十五条　节能行政主管部门或者节能监察机构对用能单位有下列情形之一的，责令实施能源审计：

（一）未实现上年度节约能源目标的；

（二）对能源计量数据、统计数据弄虚作假的；

（三）超过能耗限额指标的；

（四）节约能源管理制度不健全、节约能源措施不落实的；

（五）其他严重违反节约能源规定的行为。

第十六条　加强在农村地区推广应用规模化沼气、秸秆、薪柴等生物质能和太阳能、风能、地热能、微水能等可再生能源和新能源；推广使用符合农村生产生活特点的节约能源设施和节约能源产品。

第十七条　在工业、商务、建筑、农业、交通、公共机构等重点节约能源领域推广应用合同能源管理，发展节能服务产业。鼓励、支持用能单位与节能服务机构采用合同能源管理方式实施节约能源改造，为用能单位提供节约能源分析评价、融资、技术改造等服务，并按照合同约定与用能单位分享节约能源效益。

第十八条　实行有利于节能的价格政策，运用价格手段引导用能单位和个人节能。

根据国家产业指导目录，对电解铝、铁合金、电石、烧碱、水泥、钢铁、黄磷、锌冶炼等高耗能行业，按照允许鼓励类、限制类和淘汰类执行差别电价政策。

严格执行能耗限额标准，单位产品能耗执行能耗限额标准，超过限额标准的用能单位，实行惩罚性电价。

城市居民生活用电、用气实行阶梯价格制度。

第十九条 钢铁、石油化工、有色金属、建材、电力、造纸、煤炭等行业的主要用能单位应当实施节约能源工程，建立能源管控中心，推行能效水平对标管理。

第二十条 推进新建建筑节约能源、可再生能源建筑应用、绿色建筑推广、既有建筑节约能源改造、建筑用能系统运行节约能源管理。

鼓励民用建筑推广应用能源多元化系统，使用节能保暖材料，对供热热能建立科学完善的评估体系。

第二十一条 公共建筑应当执行建筑节约能源标准，并加强用能管理，完善能源消费统计，提高用能效率。使用空调采暖、制冷的公共建筑，应当优化空调运行管理，充分利用自然通风，并按照国家规定实行室内温度控制制度。

第二十二条 营运机动车船应当符合国家和本省规定的能耗标准。能耗高的车船应当按照规定进行改造更新。鼓励使用节能环保和新能源交通工具，鼓励在停车场、住宅区建设一定比例的新能源汽车充电设施。

第二十三条 县级以上人民政府应当优先发展公共交通，完善公共交通服务体系，鼓励和保障居民利用公共交通工具和使用非机动交通工具节能低碳绿色出行。

县级以上人民政府在城镇规划和建设时，应当建设非机动车道和人行道，禁止取消或者挤占。已经取消或者挤占的，应当限期重建或者恢复。

任何单位或者部门不得允许车辆停放占用非机动车道和人行道。

第二十四条　建立市场化节能减排机制，推行节能量和用能量交易制度。具体交易办法由省人民政府制定。

按照国家效能标识和节能低碳产品认证制度，对本省行政区域内生产、销售的产品进行节约能源管理。开展节能产品认证，落实政府强制采购节能产品制度，鼓励居民用户使用节能产品。禁止公共机构采购、使用国家明令淘汰的用能产品和设备，推行节能低碳绿色消费。

第二十五条　县级以上人民政府应当在本级财政预算中安排节约能源专项资金，主要用于支持下列活动：

（一）节约能源基础研究、战略研究、应用研究；

（二）节约能源共性和关键技术开发、节约能源产业化示范项目；

（三）重大节约能源技术改造项目；（四）节约能源工艺、技术、产品推广；

（五）节约能源监测体系、节约能源信息和技术服务体系、管理能力建设；

（六）节约能源宣传教育培训；（七）节约能源表彰奖励；

（八）与节约能源有关的其他活动。第二十六条县级以上人民政府应当根据本地区实际确定节约能源的技术研究开发重点和方向，并将其纳入节约能源等相关规划。

县级以上人民政府节能行政主管部门以及有关部门，按照有关规划、万元地区生产总值能耗指标、能源消费总量控制指标的要求，组织实施重大节约能源科研项目、节约能源示范项目、重点节约能源工程。

第二十七条　县级以上人民政府应当培育节能服务产业，鼓励节能服务机构发展。节能服务机构依法开展节约能源咨询、设计、评估、检测、认证、能源审计、节约能源成果转化、技术转移服务、节约能源技术培训，提供节约能源信息、节约能源示范和其他公益性节约能源服务。

第二十八条 省节能行政主管部门应当会同相关部门建立节约能源信息服务平台，完善节约能源统计、节约能源政策、节约能源标准，定期发布节约能源新产品、新技术信息，为社会提供节约能源指导和服务。制定并公布鼓励推广的节约能源技术、产品目录，引导用能单位和个人使用先进的节约能源技术、产品。

第二十九条 违反本条例规定进行节能评估和审查，或者节能审查未获通过，擅自开工建设或者擅自投入生产、使用的固定资产投资项目，由节能行政主管部门责令停止建设或者停止生产、使用，并限期改造；不能改造或者逾期不改造的生产性项目，由节能行政主管部门报请本级人民政府按照国务院规定的权限责令关闭，并依法追究有关责任人的责任。

第三十条 用能单位阻碍或者拒绝接受节能监督检查的，由节能行政主管部门或者节能监察机构予以警告，责令限期改正；逾期不改正的，可处一万元以上二万元以下罚款。

第三十一条 用能单位无正当理由拒绝依法实施节能监测的，由节能行政主管部门或者节能监察机构责令改正，并处一万元以上三万元以下罚款。

第三十二条 违反本条例规定，公共机构未优先采购列入政府采购目录的节能产品、设备，或者采购国家明令淘汰的用能产品、设备的，由政府采购监督管理部门给予警告，可以并处采购金额百分之一的罚款；对直接负责的主管人员和其他直接责任人员依法给予行政处分。

第三十三条 国家机关工作人员在节能监督管理工作中有下列行为之一的，依法给予行政处分；构成犯罪的，依法追究刑事责任：

（一）对未按规定使用节约能源专项资金不予纠正的；

（二）对不符合条件的节能评估报告予以审查通过的；

（三）对能源利用违法行为的举报、投诉不依法处理的；

（四）未依法履行职责，不作为或者乱作为的；

（五）其他滥用职权、玩忽职守、徇私舞弊行为的。

第三十四条 本条例所称能源审计是指能源审计单位依据国家有关的节约能源法规和标准，对重点用能单位能源利用过程进行检验、核查和分析评价、评估并提出降低能源消耗及提高能源使用效率的措施和手段的活动。

第三十五条 本条例自 2016 年 6 月 1 日起施行。1999 年 12 月 5 日省第九届人民代表大会常务委员会第十三次会议通过，2004 年 6 月 4 日省第十届人民代表大会常务委员会第十次会议修正的《甘肃省实施〈中华人民共和国节约能源法〉办法》同时废止。

海南省节约能源条例

（2015 年 11 月 27 日海南省第五届人民代表大会常务委员会第十八次会议通过）

第一章 总 则

第一条 为了推动全社会节约能源，提高能源利用效率，保护和改善环境，促进经济社会全面协调可持续发展，根据《中华人民共和国节约能源法》等有关法律法规，结合本省实际，制定本条例。

第二条 本省行政区域内节约能源（以下简称节能）及其相关的管理活动，适用本条例。

第三条 节能工作应当坚持节约优先、政府引导、市场调节、科技推动、政策激励和全社会共同参与的原则；坚持节约与开发并举，节能与经济社会发展相互促进。

第四条 县级以上人民政府应当加强对节能工作的领导，将节能工作纳入国民经济和社会发展规划、年度计划，组织编制和实施节能中长期专项规划、年度节能计划。

第五条 本省实行节能目标责任制和节能考核评价制度，将节能目标完成情况作为对各级人民政府及其负责人考核评价的内容，对未完成节能目标的，由上一级人民政府对其进行约谈并督促整改，同时按照有关规定对相关负责人进行问责。

县级以上人民政府每年向上一级人民政府报告节能目标责任的履行情况，并向同级人民代表大会或者其常务委员会报告节能工作。

第六条 本省实行有利于节能和环境保护的产业政策，淘汰落后的生产能力，限制发展高耗能、高污染行业，加快发展现代服务业、先进制造业、热带高效农业，鼓励发展节能环保型产业，推动产业结构和能源结构调整优化。

鼓励、支持开发和利用新能源、可再生能源。

第七条 县级以上人民政府工业和信息化部门主管本行政区域内的节能监督管理工作。

县级以上人民政府节能主管部门所属的节能监察机构具体负责本行政区域内的日常节能监察工作。

县级以上人民政府发展和改革、住房与城乡建设、交通运输、农业、统计、质量技术监督、科技、商务、旅游等有关部门在各自的职责范围内负责节能监督管理工作，并接受同级人民政府节能主管部门的指导。

第八条 县级以上人民政府及其相关部门应当加强节能宣传教育，将节能知识纳入国民教育和培训体系，普及节能科学知识，增强全民节能意识，提倡并推行节约型的消费方式。

新闻媒体应当宣传节能法律、法规、政策及节能知识，发挥舆论引导和监督作用。

第九条 任何单位和个人都应当依法履行节能义务，有权检举浪费能源的行为和节能管理中的违法行为。

第二章 节能和用能管理

第十条 县级以上人民政府工业和信息化、住房与城乡建设、交通运输等有关部门应当根据全省节能专项规划、年度计划，按照各自职责制定和组织实施工业、民用建筑、交通运输等领域的节能规划和年度计划，并报同级人民政府节能主管部门备案。

第十一条 本省实行固定资产投资项目节能评估和审查制度，合理控制能源消费增量和总量。

固定资产投资项目节能评估按照项目建成投产后年综合能源消费总量实行分类管理。项目建设单位应当按照规定编制节能评估文件或者填写节能登记表。

未按照规定进行节能审查或者节能审查未获通过的固定资产投

资项目，依法负责项目审批或者核准的机关不得批准或者核准建设；建设单位不得开工建设；已经建成的，不得投入生产、使用。

固定资产投资项目节能审查主管部门应当加强对节能评估及其审查意见落实情况的监督检查。建设单位应当在项目竣工验收时，将节能评估及其审查意见的落实情况报送原节能审查主管部门。

第十二条　省人民政府标准化主管部门可以会同节能等有关部门对本省主要耗能行业制定严于国家标准、行业标准的地方节能标准，由省人民政府审定后报国务院批准；法律、法规另有规定的除外。

对尚未制定有关节能的国家标准、行业标准的，省人民政府标准化主管部门可以会同节能等有关部门依法组织制定地方节能标准。

鼓励企业制定严于国家、行业和地方标准的企业节能标准。

第十三条　县级以上人民政府节能主管部门和质量技术监督部门应当在各自职责范围内，加强对节能产品认证标志和能源效率标识使用的监督检查，并将监督检查结果向社会公布。

任何单位和个人不得使用伪造的节能产品认证标志和能源效率标识，或者冒用节能产品认证标志和能源效率标识。

第十四条　县级以上人民政府计量主管部门应当依据国家有关标准和技术规范，加强对用能单位的能源计量器具和能源消费计量的检测与监督管理，建立健全能源计量数据的监督核查制度。

用能单位应当建立和完善能源计量数据采集、监测和管理制度，按照国家和本省的规定配备相应的计量器具，定期对主要用能设备以及本单位的能源利用状况进行技术和经济分析。

第十五条　省人民政府统计部门应当会同节能等有关部门，建立健全能源统计的指标体系、监测体系和节能预警调控机制，定期向社会公布各市、县、自治县以及主要耗能行业的能源消费和节能情况，确保能源统计数据真实、完整。

县级以上人民政府统计部门实施能源统计调查，依法监督有关用能单位按照规定报送能源统计资料。

第十六条 县级以上人民政府工业和信息化主管部门负责工业节能的监督管理工作，组织实施工业节能技术政策，推进工业结构调整优化，推动企业节能技术改造，推广应用工业节能新工艺、新技术、新设备和新产品，淘汰落后产能。

各类工业园区、经济开发区、高新技术开发区应当按照能源高效循环利用的生产模式，编制和实施用能规划和节能方案，开展节能和循环化改造，发展集中供能和能源梯级利用。

第十七条 电网企业应当加强电网建设和运营的节能工作，合理规划电网布局和结构，合理配置无功补偿，加强电力需求侧管理，优化资源配置，提高电能利用效率。

电网企业应当优先安排可再生能源、资源综合利用发电机组以及清洁、高效和符合规定的热电联产机组与电网并网发电运行，按照国家有关规定全额收购其电网覆盖范围内可再生能源并网发电项目的上网电量和资源综合利用发电机组发电企业富余上网电量。

第十八条 县级以上人民政府及其农业、渔业和科技等有关部门应当加强对农业和农村节能工作的资金投入，支持资源节约型生态农业发展，在农业生产、农产品加工储运等方面推广节能技术和节能产品，鼓励更新和淘汰高耗能的农业机械、农产品加工设备和渔船装备。

鼓励和引导农村居民使用生物质能、太阳能、水能等可再生能源利用技术及节能炉灶和节能灯等节能产品。推行农作物秸秆、农产品加工剩余物和林木次小薪材等废弃资源的综合利用。

大力发展农村沼气，完善农村沼气服务体系，积极开发沼气相关产品，促进沼气流通市场发展。

县级以上人民政府及其住房与城乡建设等有关部门应当推进农村节能型住宅建设，加大对农村建筑使用节能材料和节能技术知识的推广和宣传力度，为农村居民新建住宅提供节能技术咨询服务。

第十九条 县级以上人民政府住房与城乡建设主管部门负责建

筑节能的监督管理工作，推进新建建筑节能、可再生能源建筑应用、既有建筑节能改造、建筑用能系统运行节能管理等工作。

建设工程设计、施工、监理和质量管理单位应当严格执行建筑节能标准。对不符合民用建筑节能强制性标准的，规划主管部门不得颁发建设工程规划许可证，住房与城乡建设主管部门不得颁发施工许可证，竣工验收单位不得出具竣工验收合格报告。

政府投资的公益性建筑、大型公共建筑以及保障性住房应当按照国家规定执行绿色建筑标准。鼓励其他新建民用建筑执行绿色建筑标准。

使用空调制冷的公共建筑所有权人、使用权人或者物业管理服务单位，应当优化空调运行管理，充分利用自然通风，并按照国家规定实行室内温度控制制度。

鼓励和支持发展蓄能型供冷产业。鼓励新建旅游度假区、开发区、产业园区和达到一定用冷规模的大型公共建筑优先选择蓄能型供冷，支持对既有建筑实施蓄能型供冷改造。具体办法由省人民政府制定。

第二十条 县级以上人民政府及其住房与城乡建设等有关部门应当加强城市节约用电管理，推广节能照明产品、节能控制技术和新能源，严格控制公用设施和大型建筑物装饰性景观照明的能耗。

第二十一条 县级以上人民政府应当优化城市道路网络系统，优先发展公共交通，完善公共交通服务体系，鼓励利用公共交通工具出行，鼓励开发、生产、使用低能耗、低污染的节能环保型车辆、船舶和新能源汽车，鼓励新能源汽车在公共服务领域的示范推广，加快新能源汽车配套基础设施建设。

县级以上人民政府交通运输主管部门负责交通运输节能的监督管理工作，科学规划调整公共交通线路布局，推进运输结构和运力的调整，引导运输企业加强车船用油定额管理、提高运输组织化程度和集约化水平，组织开展重点运输企业油耗统计和考核工作。

交通运输单位应当建立和完善节能管理制度，严格执行老旧交通运输工具的报废、更新制度和国家及本省规定的车船燃料消耗量限值标准，加快节能改造、升级，提高能源利用效率。

第二十二条 县级以上人民政府管理机关事务工作的机构在同级节能主管部门的指导下，负责本级公共机构节能监督管理工作，指导和监督下一级公共机构节能工作，执行国家和本省有关公共机构节能规定和标准，组织实施能源消费统计、能源审计、能效公示和既有办公建筑节能改造等节能管理事务。

教育、科技、文化、卫生、体育等行业主管部门，在本级管理机关事务工作的机构指导下，开展行业内公共机构节能工作。

公共机构应当厉行节约，带头使用节能产品、设备，优先采购列入节能产品、设备政府采购目录中的产品、设备，不得采购国家明令淘汰的用能产品、设备。

第二十三条 公共设施及服务行业应当在保证服务功能的前提下，选用能源利用效率高、能耗低的产品或者服务方式、服务项目，并加强对耗能设备使用和维修的管理。

第二十四条 年综合能源消费总量五千吨标准煤以上的用能单位为重点用能单位。重点用能单位名单由省人民政府节能主管部门会同省统计部门定期向社会公布。

年综合能源消费总量一千吨标准煤以上五千吨标准煤以下的国家机关、宾馆饭店、商贸企业、学校、医院，由节能主管部门参照重点用能单位进行管理。

省人民政府节能主管部门应当建立重点用能单位能耗在线监测系统，加强能耗运行监测。

第二十五条 重点用能单位应当采取下列节能措施：

（一）建立节能工作目标责任制，制定节能计划，实行能源成本核算制度和控制管理制度；

（二）建立能耗监测端系统，实时向省能耗在线监测系统传输数据；

（三）对能源生产、转换和消费进行全面检查和分析；

（四）加强能源计量管理，配备、使用能源计量器具，建立能源消耗统计台账，定期对主要用能设备及本单位能源利用状况进行分析；

（五）设立能源管理岗位，按照国家规定的条件聘任能源管理负责人，并报节能主管部门和行业主管部门备案；

（六）对能源管理岗位人员进行节能培训。

第二十六条 县级以上人民政府节能主管部门应当会同有关部门加强对重点用能单位节能的监督管理，向重点用能单位下达节能目标，对节能目标完成情况进行考核评价，并将考核评价结果向社会公布。

第二十七条 县级以上人民政府鼓励和支持节能咨询、设计、评估、检测、审计等节能服务机构的发展，完善节能服务体系。

节能服务机构为用能单位提供咨询、设计、评估、检测、审计等服务，应当客观公正、诚实守信，保守用能单位商业秘密。

第三章 激励措施

第二十八条 县级以上人民政府应当根据实际情况，合理安排节能资金。

节能资金主要用于支持节能技术和产品的示范与推广、重点节能和循环经济工程的实施、公共机构节能改造、节能宣传培训、节能服务和表彰奖励等。

第二十九条 县级以上人民政府应当将符合本省实际需要的节能技术研发应用作为政府科技投入的重点领域，支持科研单位和企业开展节能技术应用研究，组织推广先进适用节能技术，促进节能技术创新与成果转化。

省人民政府节能主管部门应当会同科技、住房与城乡建设等有关部门，结合本省实际，制定并公布节能技术、节能产品的推广目录，引导用能单位和个人使用节能技术和产品。

第三十条 本省按照国家规定实行有利于节能的价格政策，运用价格手段引导用能单位和个人节能。

完善峰谷电价政策，鼓励电力用户移峰填谷，提高用电效率；对能源消耗超过国家和本省能耗限额标准的用能单位，实行惩罚性电价政策；对属于淘汰类、限制类的主要耗能行业的用能单位，实行差别电价政策。

实行居民用电阶梯电价，引导合理、节约用电。

第三十一条 鼓励金融机构优先为符合条件的节能技术研发、节能产品生产以及节能技术改造等项目提供信贷支持。

鼓励金融机构创新信贷产品，拓宽担保范围，提高服务效率，为节能服务机构提供项目融资等金融服务。

鼓励和引导社会资金投资节能领域，促进节能技术改造和节能产业发展。

第三十二条 鼓励和支持用能单位通过合同能源管理、能效水平对标、能效标识管理、设备融资租赁等市场机制推动技术改造和更新，降低能耗，节约能源。

鼓励企业参与节能量交易和碳排放权交易，推进节能市场化。

支持企业开展节能产品认证。取得节能产品认证证书的产品、设备应当优先列入政府采购目录。

第三十三条 各级人民政府应当对在节能管理、节能技术研究和推广应用中有显著成绩，以及检举严重浪费能源行为的单位和个人给予表彰和奖励。

第四章 法律责任

第三十四条 公共机构违反本条例第二十二条第三款规定，未优先采购列入节能产品、设备政府采购目录中的产品、设备，或者采购国家明令淘汰的用能产品、设备的，由政府采购监督管理部门给予警告，可以并处采购金额百分之一的罚款；对直接负责的主管人员和其他直接责任人员依法给予处分，并予通报。

第三十五条 重点用能单位违反本条例第二十五条第（二）

项，未建立能耗监测端系统，向省能耗在线监测系统传输数据的，由县级以上人民政府节能主管部门责令限期改正；逾期不改正的，处一万元以上五万元以下罚款。

重点用能单位违反本条例第二十五条第（五）项规定，未设立能源管理岗位，聘任能源管理负责人，并报节能主管部门和行业主管部门备案的，由县级以上人民政府节能主管部门责令限期改正；逾期不改正的，处一万元以上三万元以下罚款。

第三十六条 节能服务机构从事节能咨询、设计、评估、检测、审计等活动提供虚假信息的，由县级以上人民政府节能主管部门责令改正，没收违法所得，并处五万元以上十万元以下罚款。

第三十七条 节能主管部门和有关部门及其工作人员在节能监督管理工作中有下列情形之一的，对直接负责的主管人员和其他直接责任人员，依法给予处分；构成犯罪的，依法追究刑事责任：

（一）违反规定进行固定资产投资项目节能审查的；

（二）对未按照规定进行节能审查或者未通过节能审查的固定资产投资项目予以批准或者核准建设的；

（三）不依法实施监督检查和行政处罚的；

（四）违反节能资金使用和管理规定的；

（五）对能源利用违法行为的举报、投诉不依法处理的；

（六）其他玩忽职守、滥用职权、徇私舞弊的行为。

第三十八条 违反本条例规定的行为，本条例未设定处罚但《中华人民共和国节约能源法》等有关法律法规已设定处罚规定的，依照有关法律法规的规定处罚。

第五章 附 则

第三十九条 本条例具体应用问题由省人民政府负责解释。

第四十条 本条例自 2016 年 1 月 1 日起施行。

节能低碳技术推广管理暂行办法

国家发展改革委关于印发《节能低碳技术
推广管理暂行办法》的通知
发改环资〔2014〕19号

各省、自治区、直辖市及计划单列市、副省级省会城市、新疆生产建设兵团发展改革部门、经信委（经委、工信委、工信厅、工信局），计划单列企业集团和中央管理企业，有关行业协会：

根据《中华人民共和国节约能源法》、《国务院关于印发"十二五"节能减排综合性工作方案的通知》（国发〔2011〕26号）、《国务院关于印发"十二五"控制温室气体排放工作方案的通知》（国发〔2011〕41号）、《国务院关于加快发展节能环保产业的意见》（国发〔2013〕30号）规定和要求，为加快节能低碳技术进步和推广普及，引导用能单位采用先进适用的节能低碳新技术、新装备、新工艺，促进能源资源节约集约利用，缓解资源环境压力，减少二氧化碳等温室气体排放，我们制定了《节能低碳技术推广管理暂行办法》，现印发你们，请按照执行。

国家发展改革委
2014年1月6日

第一章 总 则

第一条 为引导用能单位采用先进适用的节能低碳技术装备，加快节能低碳技术进步和推广普及，建立节能低碳技术遴选、评定和推广机制，根据《中华人民共和国节约能源法》、《"十二五"节能减排综合性工作方案》、《"十二五"控制温室气体排放工作方案》和《国务院关于加快发展节能环保产业的意见》，制订本办法。

第二条 本办法所称节能技术，是指促进能源节约集约使用、提高能源资源开发利用效率和效益、减少对环境影响、遏制能源资源浪费的技术。节能技术主要包括能源资源优化开发技术，单项节能改造技术与节能技术的系统集成，节能型的生产工艺、高性能用能设备，可直接或间接减少能源消耗的新材料开发应用技术，以及节约能源、提高用能效率的管理技术等。

本办法所称低碳技术，是指以资源的高效利用为基础，以减少或消除二氧化碳排放为基本特征的技术，广义上也包括以减少或消除其他温室气体排放为特征的技术。

第三条 本办法适用于国家发展改革委管理的《国家重点节能低碳技术推广目录》（以下简称《目录》）申报、遴选和推广工作。

第四条 国家发展改革委负责重点节能低碳技术申报、遴选和推广的组织工作，实行自愿申报、科学遴选，坚持企业为主、政府引导、社会参与、重点推广和动态更新的原则。

第五条 重点节能低碳技术申报、遴选、评定、推广、培训等，不向技术提供单位收取任何费用。

第二章 重点节能低碳技术申报

第六条 国家发展改革委定期印发通知征集重点节能低碳技

术，明确申报范围、申报要求、申报程序、时限要求等。

第七条 各省、自治区、直辖市和计划单列市、新疆生产建设兵团发展改革部门、经信委（经委、工信委、工信厅），计划单列企业集团和中央管理企业，国家节能中心，有关行业协会为节能技术组织申报单位；各省、自治区、直辖市、新疆生产建设兵团发展改革部门，计划单列企业集团和中央管理企业，有关行业协会为低碳技术组织申报单位。

组织申报单位应根据通知要求，组织企业、研究机构等技术提供单位准备申报材料，并对申报材料的真实性、完整性和合规性进行审核。节能低碳技术组织申报单位应汇总整理符合条件的技术，填写重点节能低碳技术汇总表（见附件1）并加盖公章，报送国家发展改革委。

技术提供单位也可通过国务院有关部门向国家发展改革委提交申报材料。

第八条 申报技术应符合节能降碳效果显著、技术先进、经济适用、有成功实施案例等条件。重点节能技术提供单位应编写重点节能技术申请报告（见附件2），以及重点节能技术申报表（见附件3），提交组织申报单位。

重点低碳技术申报单位应填写重点低碳技术申报表（见附件4），提交组织申报单位。

重点节能技术申请报告的主要内容包括：

（一）技术概要；

（二）技术原理和内容；

（三）评价指标，包括节能能力、经济效益、技术先进性、技术可靠性及行业特征指标；

（四）推广建议；

（五）结论；

（六）附件。

第三章 重点节能低碳技术遴选

第九条 重点节能低碳技术遴选采用定量与定性相结合、通用指标和特征指标相结合的方式，重点节能低碳技术主要评价指标包括：

（一）节能减碳能力：预计能形成的节能量（建筑、交通等行业主要参考节能率指标），预计能形成的二氧化碳减排量（其他温室气体减排量可根据附件 5 进行折算）；

（二）经济效益：单位节能量投资额和静态投资回收期，单位二氧化碳减排量投资额和静态投资回收期；

（三）技术先进性；

（四）技术可靠性；

（五）行业特征指标。

第十条 国家发展改革委受理重点节能低碳技术申请材料后，对申报材料是否符合通知要求进行核对。符合要求的，进入专家遴选环节；不符合要求的，通知组织申报单位补充完善，补充完善后还不能达到要求的或未按要求进行补充的，不进入专家遴选环节。

第十一条 国家发展改革委委托有关机构进行遴选：

（一）分行业初审。分行业对重点节能低碳技术申请材料进行初审，形成书面评审意见。审查重点是技术有创新性、节能减碳原理清晰、知识产权明确、符合国家产业政策等。

（二）复审论证。召开专家论证会，对通过分行业初审的技术进行复审论证，分为交叉评分、集体讨论、组长复核等环节。重点节能低碳技术论证重点是节能减碳能力、经济效益、技术先进性、技术可靠性、系统影响分析、行业特征指标等。

（三）技术答辩。召开技术答辩会，对通过复审论证的技术，组织技术提供单位进行答辩，接受专家问询，深入论证技术细节，进一步评价技术的节能减碳能力、经济效益、先进性、可靠性等，形成答辩意见。必要时根据答辩问询情况组织专家进行现场调研论证，并形成论证意见。

（四）征求意见。对通过答辩和现场调研论证的重点节能低碳技术，由国家发展改革委向有关部门、行业协会等征求意见，并根据相关意见进行修改完善。

（五）公示。根据征求意见情况，提出拟入选《目录》的重点节能低碳技术，由国家发展改革委向全社会公示，对公示期内收到书面意见的技术，再组织专家论证，根据公示和论证情况确定入选《目录》的重点节能低碳技术。

第十二条 《目录》由国家发展改革委以公告方式向全社会发布，主要包括技术内容、应用案例和技术提供单位、技术评定情况等，供用能单位、碳排放单位和个人查询使用。

第十三条 《目录》实施动态更新，根据技术进步情况，定期更新技术指标和技术提供单位，用先进的同类技术替换原有技术。

第十四条 国家发展改革委委托有关机构，就申报要求、遴选程序、遴选标准等内容，开展对组织申报单位和技术提供单位的培训。

第四章 重点节能低碳技术推广

第十五条 国家发展改革委优先支持技术提供单位新建、参与新建或改扩建重点节能低碳技术装备生产线；优先支持用能单位使用重点节能低碳技术实施改造。

第十六条 鼓励技术提供单位建立重点节能低碳技术示范推广中心，展示宣传重点节能低碳技术；鼓励用能单位分行业集成应用重点节能低碳技术，建立教育示范基地，定期组织行业重点用能单位开展技术交流和培训，推广集成应用典型模式。

第十七条 各级固定资产投资项目节能评估和审查负责部门在开展项目节能评估和审查时，鼓励用能单位采用重点节能低碳技术；鼓励节能服务公司在实施合同能源管理项目过程中采用重点节能低碳技术。

第十八条 鼓励能源审计单位在开展能源审计时，参照重点节能低碳技术能效水平，在审计报告中提出相应改造措施建议；鼓励各级节能监察机构在节能监察中参照重点节能低碳技术能效水平，对高耗能行业企业建议采用重点节能低碳技术进行改造。

第十九条 国家发展改革委委托有关单位编制重点节能技术最佳实践案例，包括重点节能技术基本情况、节能改造前后情况、第三方机构检测报告、用户意见反馈等，对节能效果突出的案例进行重点宣传。

第二十条 国家发展改革委委托有关单位组织召开重点节能低碳技术的现场推广会及技术对接会，开展技术提供单位与用能单位和节能服务公司交流。

第二十一条 重点节能低碳技术提供单位要制定推广方案，每年向国家发展改革委提交上年度推广情况，由国家发展改革委委托有关机构进行整理分析，跟踪评估推广效果，适时发布推广报告。

第五章　附　则

第二十二条 本办法自发布之日起实施。

附件1：重点节能低碳技术汇总表（略）
附件2：重点节能技术申请报告（略）
附件3：重点节能技术申报表（略）

附　录

节能低碳产品认证管理办法

国家质量监督检验检疫总局
国家发展和改革委员会令
第 168 号

为了规范节能低碳产品认证活动，促进节能低碳产业发展，特制定《节能低碳产品认证管理办法》，现予公布，自 2015 年 11 月 1 日起施行。

国家质量监督检验检疫总局局长
国家发展和改革委员会主任
2015 年 9 月 17 日

第一章　总　则

第一条　为了提高用能产品以及其它产品的能源利用效率，改进材料利用，控制温室气体排放，应对气候变化，规范和管理节能低碳产品认证活动，根据《中华人民共和国节约能源法》《中华人民共和国认证认可条例》等法律、行政法规的规定，制定本办法。

第二条　本办法所称节能低碳产品认证，包括节能产品认证和低碳产品认证。节能产品认证是指由认证机构证明用能产品在能源利用效率方面符合相应国家标准、行业标准或者认证技术规范要求的合格评定活动；低碳产品认证是指出认证机构证明产品温室气体排放量符合相应低碳产品评价标准或者技术规范要求的合格评定活动。

第三条 在中华人民共和国境内从事节能低碳产品认证活动，应当遵守本办法。

第四条 国家质量监督检验检疫总局（以下简称国家质检总局）主管全国节能低碳产品认证工作；国家发展和改革委员会（以下简称国家发展改革委）负责指导开展节能低碳产品认证工作。

国家认证认可监督管理委员会（以下简称国家认监委）负责节能低碳产品认证的组织实施、监督管理和综合协调工作。

地方各级质量技术监督部门和各地出入境检验检疫机构（以下统称地方质检两局）按照各自职责，负责所辖区域内节能低碳产品认证活动的监督管理工作。

第五条 国家发展改革委、国家质检总局和国家认监委会同国务院有关部门建立节能低碳产品认证部际协调工作机制，共同确定产品认证目录、认证依据、认证结果采信等有关事项。

节能、低碳产品认证目录由国家发展改革委、国家质检总局和国家认监委联合发布。

第六条 国家发展改革委、国家质检总局、国家认监委以及国务院有关部门，依据《中华人民共和国节约能源法》以及国家相关产业政策规定，在工业、建筑、交通运输、公共机构等领域，推动相关机构开展节能低碳产品认证等服务活动，并采信认证结果。

国家发展改革委、国务院其他有关部门以及地方政府主管部门依据相关产业政策，推动节能低碳产品认证活动，鼓励使用获得节能低碳认证的产品。

第七条 从事节能低碳产品认证活动的机构及其人员，对其从业活动中所知悉的商业秘密和技术秘密负有保密义务。

第二章 认证实施

第八条 节能、低碳产品认证规则由国家认监委会同国家发展改革委制定。涉及国务院有关部门职责的，应当征求国务院有关部门意见。

节能、低碳产品认证规则由国家认监委发布。

第九条 从事节能低碳产品认证的认证机构应当依法设立，符合《中华人民共和国认证认可条例》《认证机构管理办法》规定的基本条件和产品认证机构通用要求，并具备从事节能低碳产品认证活动相关技术能力。

第十条 从事节能低碳产品认证相关检验检测活动的机构应当依法经过资质认定，符合检验检测机构能力的通用要求，并具备从事节能低碳产品认证检验检测工作相关技术能力。

第十一条 国家认监委对从事节能低碳产品认证活动的认证机构，依法予以批准。

节能低碳产品认证机构名录及相关信息经节能低碳产品认证部际协调工作机制研究后，由国家认监委公布。

第十二条 从事节能低碳产品认证检查或者核查的人员，应当具备检查或者核查的技术能力，并经国家认证人员注册机构注册。

第十三条 产品的生产者或者销售者（以下简称认证委托人）可以委托认证机构进行节能、低碳产品认证，并按照认证规则的规定提交相关资料。

认证机构经审查符合认证条件的，应当予以受理。

第十四条 认证机构受理认证委托后，应当按照节能、低碳产品认证规则的规定，安排产品检验检测、工厂检查或者现场核查。

第十五条 认证机构应当对认证委托人提供样品的真实性进行审查，并根据产品特点和实际情况，采取认证委托人送样、现场抽样或者现场封样后由委托人送样等方式，委托符合本办法规定的检验检测机构对样品进行产品型式试验。

第十六条 检验检测机构对样品进行检验检测，应当确保检验检测结果的真实、准确，并对检验检测全过程做出完整记录，归档留存，保证检验检测过程和结果具有可追溯性，配合认证机构对获证产品进行有效的跟踪检查。

检验检测机构及其有关人员应当对其作出的检验检测报告内容以及检验检测结论负责,对样品真实性有疑义的,应当向认证机构说明情况,并作出相应处理。

第十七条 根据认证规则需要进行工厂检查或者核查的,认证机构应当委派经国家认证人员注册机构注册的认证检查员或者认证核查员,进行检查或者核查。

节能产品认证的检查,需要对产品生产企业的质量保证能力、生产产品与型式试验样品的一致性等情况进行检查。

低碳产品认证的核查,需要对产品生产工艺流程与相关提交文件的一致性、生产相关过程的能量和物料平衡、证据的可靠性、生产产品与检测样品的一致性、生产相关能耗监测设备的状态、碳排放计算的完整性以及产品生产企业的质量保证水平和能力等情况进行核查。

第十八条 认证机构完成产品检验检测和工厂检查或者核查后,对符合认证要求的,向认证委托人出具认证证书;对不符合认证要求的,应当书面通知认证委托人,并说明理由。

认证机构及其有关人员应当对其作出的认证结论负责。

第十九条 认证机构应当按照认证规则的规定,采取适当合理的方式和频次,对取得认证的产品及其生产企业实施有效的跟踪检查,控制并验证取得认证的产品持续符合认证要求。

对于不能持续符合认证要求的,认证机构应当根据相应情形作出暂停或者撤销认证证书的处理,并予公布。

第二十条 认证机构应当依法公开节能低碳产品认证收费标准、产品获证情况等相关信息,并定期将节能低碳产品认证结果采信等有关数据和工作情况,报告国家认监委。

第二十一条 国家认监委和国家发展改革委组建节能低碳认证技术委员会,对涉及认证技术的重大问题进行研究和审议。

认证技术委员会为非常设机构,由国务院相关部门、行业协会、认证机构、企业代表以及相关专家担任委员。

第二十二条 认证机构应当建立风险防范机制，采取设立风险基金或者投保等合理、有效的防范措施，防范节能低碳产品认证活动可能引发的风险和责任。

第三章 认证证书和认证标志

第二十三条 节能、低碳产品认证证书的格式、内容由国家认监委统一制定发布。

第二十四条 认证证书应当包括以下基本内容：

（一）认证委托人名称、地址；

（二）产品生产者（制造商）名称、地址；

（三）被委托生产企业名称、地址（需要时）；

（四）产品名称和产品系列、规格/型号；

（五）认证依据；

（六）认证模式；

（七）发证日期和有效期限；

（八）发证机构；

（九）证书编号；

（十）产品碳排放清单及其附件；

（十一）其他需要标注的内容。

第二十五条 认证证书有效期为3年。

认证机构应当根据其对取得认证的产品及其生产企业的跟踪检查情况，在认证证书上注明年度检查有效状态的查询网址和电话。

第二十六条 认证机构应当按照认证规则的规定，针对不同情形，及时作出认证证书的变更、扩展、注销、暂停或者撤销的处理决定。

第二十七条 节能产品认证标志的式样由基本图案、认证机构识别信息组成，基本图案如下图所示，其中ABCDE代表认证机构简称：

ABCDE

低碳产品认证标志的式样由基本图案、认证机构识别信息组成，基本图案如下图所示，其中 ABCDE 代表认证机构简称：

ABCDE

第二十八条 取得节能低碳产品认证的认证委托人，应当建立认证证书和认证标志使用管理制度，对认证标志的使用情况如实记录和存档，并在产品或者其包装物、广告、产品介绍等宣传材料中正确标注和使用认证标志。

认证机构应当采取有效措施，监督获证产品的认证委托人正确使用认证证书和认证标志。

第二十九条 任何组织和个人不得伪造、变造、冒用、非法买卖和转让节能、低碳产品认证证书和认证标志。

第四章 监督管理

第三十条 国家质检总局、国家认监委对节能低碳产品认证机构和检验检测机构开展定期或者不定期的专项监督检查，发现违法违规行为的，依法进行查处。

第三十一条 地方质检两局按照各自职责，依法对所辖区域内的节能低碳产品认证活动实施监督检查，对违法行为进行查处。

第三十二条 认证委托人对认证机构的认证活动以及认证结论有异议的，可以向认证机构提出申诉，对认证机构处理结果仍有异议的，可以向国家认监委申诉。

第三十三条 任何组织和个人对节能低碳产品认证活动中的违法违规行为，有权向国家认监委或者地方质检两局举报，国家认监委或者地方质检两局应当及时调查处理，并为举报人保密。

第三十四条 伪造、变造、冒用、非法买卖或者转让节能、低碳产品认证证书的，由地方质检两局责令改正，并处3万元罚款。

第三十五条 伪造、变造、冒用、非法买卖节能、低碳产品认证标志的，依照《中华人民共和国进出口商品检验法》、《中华人民共和国产品质量法》的规定处罚。

转让节能、低碳产品认证标志的，由地方质检两局责令改正，并处3万元以下的罚款。

第三十六条 对于节能低碳产品认证活动中的其他违法行为，依照相关法律、行政法规和部门规章的规定予以处罚。

第三十七条 国家发展改革委、国家质检总局、国家认监委对节能低碳产品认证相关主体的违法违规行为建立信用记录，并纳入全国统一的信用信息共享交换平台。

第五章 附 则

第三十八条 认证机构可以根据市场需求，在国家尚未制定认证规则的节能低碳产品认证新领域，自行开展相关产品认证业务，自行制定的认证规则应当向国家认监委备案。

第三十九条 节能低碳产品认证应当依照国家有关规定收取费用。

第四十条 本办法由国家质检总局、国家发展改革委在各自职权范围内负责解释。

第四十一条 本办法自 2015 年 11 月 1 日起施行。国家发展改革委、国家认监委于 2013 年 2 月 18 日制定发布的《低碳产品认证管理暂行办法》同时废止。

国务院关于加快发展节能环保产业的意见

国发〔2013〕30 号

各省、自治区、直辖市人民政府，国务院各部委、各直属机构：

资源环境制约是当前我国经济社会发展面临的突出矛盾。解决节能环保问题，是扩内需、稳增长、调结构，打造中国经济升级版的一项重要而紧迫的任务。加快发展节能环保产业，对拉动投资和消费，形成新的经济增长点，推动产业升级和发展方式转变，促进节能减排和民生改善，实现经济可持续发展和确保 2020 年全面建成小康社会，具有十分重要的意义。为加快发展节能环保产业，现提出以下意见：

一、总体要求

（一）指导思想

牢固树立生态文明理念，立足当前、着眼长远，围绕提高产业技术水平和竞争力，以企业为主体、以市场为导向、以工程为依托，强化政府引导，完善政策机制，培育规范市场，着力加强技术创新，大力提高技术装备、产品、服务水平，促进节能环保产业快速发展，释放市场潜在需求，形成新的增长点，为扩内需、稳增长、调结构，增强创新能力，改善环境质量，保障改善民生和加快生态文明建设作出贡献。

（二）基本原则

创新引领，服务提升。加快技术创新步伐，突破关键核心技术和共性技术，缩小与国际先进水平的差距，提升技术装备和产品的供给能力。推行合同能源管理、特许经营、综合环境服务等市场化新型节能环保服务业态。

需求牵引，工程带动。营造绿色消费政策环境，推广节能环保产品，加快实施节能、循环经济和环境保护重点工程，释放节能环保产品、设备、服务的消费和投资需求，形成对节能环保产业发展的有力拉动。

法规驱动，政策激励。健全节能环保法规和标准，强化监督管理，完善政策机制，加强行业自律，规范市场秩序，形成促进节能环保产业快速健康发展的激励和约束机制。

市场主导，政府引导。充分发挥市场配置资源的基础性作用，以市场需求为导向，用改革的办法激发各类市场主体的积极性。针对产业发展的薄弱环节和瓶颈制约，有效发挥政府规划引导、政策激励和调控作用。

（三）主要目标

产业技术水平显著提升。企业技术创新和科技成果集成、转化能力大幅提高，能源高效和分质梯级利用、污染物防治和安全处置、资源回收和循环利用等关键核心技术研发取得重点突破，装备和产品的质量、性能显著改善，形成一大批拥有知识产权和国际竞争力的重大装备和产品，部分关键共性技术达到国际先进水平。

国产设备和产品基本满足市场需求。通过引进消化吸收和再创新，努力提高产品技术水平，促进我国节能环保关键材料以及重要设备和产品在工业、农业、服务业、居民生活各领域的广泛应用，为实现节能环保目标提供有力的技术保障。用能单位广泛采用"节能医生"诊断、合同能源管理、能源管理师制度等节能服务新机制改善能源管理，城镇污水、垃圾处理和脱硫、脱硝设施运营基本实现专业化、市场化、社会化，综合环境服务得到大力发展。建设一批技术先进、配套健全、发展规范的节能环保产业示范基地，形成以大型骨干企业为龙头、广大中小企业配套的产业良性发展格局。

辐射带动作用得到充分发挥。完善激励约束机制，建立统一开放、公平竞争、规范有序的市场秩序。节能环保产业产值年均增速在15%以上，到2015年，总产值达到4.5万亿元，成为国民经济新的支柱产业。通过推广节能环保产品，有效拉动消费需求；通过增强工程技术能力，拉动节能环保社会投资增长，有力支撑传统产业改造升级和经济发展方式加快转变。

二、围绕重点领域，促进节能环保产业发展水平全面提升

当前，要围绕市场应用广、节能减排潜力大、需求拉动效应明显的重点领域，加快相关技术装备的研发、推广和产业化，带动节能环保产业发展水平全面提升。

（一）加快节能技术装备升级换代，推动重点领域节能增效

推广高效锅炉。发展一批高效锅炉制造基地，培育一批高效锅炉大型骨干生产企业。重点提高锅炉自动化控制、主辅机匹配优化、燃料品种适应、低温烟气余热深度回收、小型燃煤锅炉高效燃烧等技术水平，加大高效锅炉应用推广力度。

扩大高效电动机应用。推动高效电动机产业加快发展，建设15—20个高效电机及其控制系统产业化基地。大力发展三相异步电动机、稀土永磁无铁芯电机等高效电机产品，提高高效电机设计、匹配和关键材料、装备，以及高压变频、无功补偿等控制系统的技术水平。

发展蓄热式燃烧技术装备。建设一批以高效燃烧、换热及冷却技术为特色的制造基地，加快重大技术、装备的产业化示范和规模化应用。重点是综合采用优化炉膛结构、利用预热、强化辐射传热等节能技术集成，提高加热炉燃烧效率；在预混和蓄热结合、蓄热体材料研发、蓄热式燃烧器小型化方面力争取得突破。

加快新能源汽车技术攻关和示范推广。加快实施节能与新能源汽车技术创新工程，大力加强动力电池技术创新，重点解决动力电池系统安全性、可靠性和轻量化问题，加强驱动电机及核心材料、电控等关键零部件研发和产业化，加快完善配套产业和充电设施，示范推广纯电动汽车和插电式混合动力汽车、空气动力车辆等。

推动半导体照明产业化。整合现有资源，提高产业集中度，培

育 10—15 家掌握核心技术、拥有知识产权和知名品牌的龙头企业，建设一批产业链完善的产业集聚区，关键生产设备、重要原材料实现本地化配套。加快核心材料、装备和关键技术的研发，着力解决散热、模块化、标准化等重大技术问题。

（二）提升环保技术装备水平，治理突出环境问题

示范推广大气治理技术装备。加快大气治理重点技术装备的产业化发展和推广应用。大力发展脱硝催化剂制备和再生、资源化脱硫技术装备，推进耐高温、耐腐蚀纤维及滤料的开发应用，加快发展选择性催化还原技术和选择性非催化还原技术及其装备，以及高效率、高容量、低阻力微粒过滤器等汽车尾气净化技术装备，实施产业化示范工程。

开发新型水处理技术装备。推动形成一批水处理技术装备产业化基地。重点发展高通量、持久耐用的膜材料和组件，大型臭氧发生器，地下水高效除氟、砷、硫酸盐技术，高浓度难降解工业废水成套处理装备，污泥减量化、无害化、资源化技术装备。

推动垃圾处理技术装备成套化。采取开展示范应用、发布推荐目录、完善工程标准等多种手段，大力推广垃圾处理先进技术和装备。重点发展大型垃圾焚烧设施炉排及其传动系统、循环流化床预处理工艺技术、焚烧烟气净化技术和垃圾渗滤液处理技术等，重点推广 300 吨/日以上生活垃圾焚烧炉及烟气净化成套装备。

攻克污染土壤修复技术。重点研发污染土壤原位稳定剂、异位固定剂，受污染土壤生物修复技术、安全处理处置和资源化利用技术，实施产业化示范工程，加快推广应用。

加强环境监测仪器设备的开发应用。提高细颗粒物（PM2.5）等监测仪器设备的稳定性，完善监测数据系统，提升设备生产质量控制水平。开发大气、水、重金属在线监测仪器设备，培育发展一批掌握核心技术、产品质量可靠、市场认可度高的骨干企业。加快大气、水等环境质量在线实时监测站点及网络建设，配备技术先进、可靠性高的环境监测仪器设备。

（三）发展资源循环利用技术装备，提高资源产出率

提升再制造技术装备水平。提升再制造产业创新能力，推广纳米电刷镀、激光熔覆成形等产品再制造技术。研发无损拆解、表面预处理、零部件疲劳剩余寿命评估等再制造技术装备。重点支持建立 10—15 个国家级再制造产业聚集区和一批重大示范项目，大幅度提高基于表面工程技术的装备应用率。

建设"城市矿产"示范基地。推动再生资源清洁化回收、规模化利用和产业化发展。推广大型废钢破碎剪切、报废汽车和废旧电器破碎分选等技术。提高稀贵金属精细分离提纯、塑料改性和混合废塑料高效分拣、废电池全组分回收利用等装备水平。支持建设 50 个"城市矿产"示范基地，加快再生资源回收体系建设，形成再生资源加工利用能力 8000 万吨以上。

深化废弃物综合利用。推动资源综合利用示范基地建设，鼓励产业聚集，培育龙头企业。积极发展尾矿提取有价元素、煤矸石生产超细纤维等高值化利用关键共性技术及成套装备。开发利用产业废物生产新型建材等大型化、精细化、成套化技术装备。加大废旧电池、荧光灯回收利用技术研发。支持大宗固体废物综合利用，提高资源综合利用产品的技术含量和附加值。推动粮棉主产区秸秆综合利用。加快建设餐厨废弃物无害化处理和资源化利用设施。

推动海水淡化技术创新。培育一批集研发、孵化、生产、集成、检验检测和工程技术服务于一体的海水淡化产业基地。示范推广膜法、热法和耦合法海水淡化技术以及电水联产海水淡化模式，完善膜组件、高压泵、能量回收装置等关键部件及系统集成技术。

（四）创新发展模式，壮大节能环保服务业

发展节能服务产业。落实财政奖励、税收优惠和会计制度，支持重点用能单位采用合同能源管理方式实施节能改造，开展能源审计和"节能医生"诊断，打造"一站式"合同能源管理综合服务

平台，专业化节能服务公司的数量、规模和效益快速增长。积极探索节能量交易等市场化节能机制。

扩大环保服务产业。在城镇污水处理、生活垃圾处理、烟气脱硫脱硝、工业污染治理等重点领域，鼓励发展包括系统设计、设备成套、工程施工、调试运行、维护管理的环保服务总承包和环境治理特许经营模式，专业化、社会化服务占全行业的比例大幅提高。加快发展生态环境修复、环境风险与损害评价、排污权交易、绿色认证、环境污染责任保险等新兴环保服务业。

培育再制造服务产业。支持专业化公司利用表面修复、激光等技术为工矿企业设备的高值易损部件提供个性化再制造服务，建立再制造旧件回收、产品营销、溯源等信息化管理系统。推动构建废弃物逆向物流交易平台。

三、发挥政府带动作用，引领社会资金投入节能环保工程建设

（一）加强节能技术改造。发挥财政资金的引导带动作用，采取补助、奖励、贴息等方式，推动企业实施锅炉（窑炉）和换热设备等重点用能装备节能改造，全面推动电机系统节能、能量系统优化、余热余压利用、节约和替代石油、交通运输节能、绿色照明、流通零售领域节能等节能重点工程，提高传统行业的工程技术节能能力，加快节能技术装备的推广应用。开展数据中心节能改造，降低数据中心、超算中心服务器、大型计算机冷却耗能。

（二）实施污染治理重点工程。落实企业污染治理主体责任，加强大气污染治理，开展多污染物协同防治，督促推动重点行业企业加大投入，积极采用先进环保工艺、技术和装备，加快脱硫脱硝除尘改造，炼油行业加快工艺技术改造，提高油品标准，限期淘汰黄标车、老旧汽车。启动实施安全饮水、地表水保护、地下水保护、海洋保护等清洁水行动，加快重点流域、清水廊道、规模化畜禽养殖场等重点水污染防治工程建设，推动重点高耗水行业节水改造。实施土壤环境保护工程，以重金属和有机污染物为重点，选择典型区域开展土壤污染治理与修复试点示范。加大重点行业清洁生

产推行力度，支持企业采用源头减量、减毒、减排以及过程控制等先进成熟清洁生产技术，实施汞污染削减、铅污染削减、高毒农药替代工程。

（三）推进园区循环化改造。引导企业和地方政府加大资金投入，推进园区（开发区）循环化改造，推动各类园区建设废物交换利用、能量分质梯级利用、水分类利用和循环使用、公共服务平台等基础设施，实现园区内项目、企业、产业有效组合和循环链接，打造园区的"升级版"。推动一批国家级和省级开发区提高主要资源产出率、土地产出率、资源循环利用率，基本实现"零排放"。

（四）加快城镇环境基础设施建设。以地方政府和企业投入为主，中央财政适当支持，加快污水垃圾处理设施和配套管网地下工程建设，推进建筑中水利用和城镇污水再生利用。探索城市垃圾处理新出路，实施协同资源化处理城市废弃物示范工程。到2015年，所有设市城市和县城具备污水集中处理能力和生活垃圾无害化处理能力，城镇污水处理规模达到2亿立方米/日以上；城镇生活垃圾无害化处理能力达到87万吨/日以上，生活垃圾焚烧处理设施能力达到无害化处理总能力的35%以上。加强城镇园林绿化建设，提升城镇绿地功能，降减热岛效应。推动生态园林城市建设。

（五）开展绿色建筑行动。到2015年，新增绿色建筑面积10亿平方米以上，城镇新建建筑中二星级及以上绿色建筑比例超过20%；建设绿色生态城（区）。提高新建建筑节能标准，推动政府投资建筑、保障性住房及大型公共建筑率先执行绿色建筑标准，新建建筑全面实行供热按户计量；推进既有居住建筑供热计量和节能改造；实施供热管网改造2万公里；在各级机关和教科文卫系统创建节约型公共机构2000家，完成公共机构办公建筑节能改造6000万平方米，带动绿色建筑建设改造投资和相关产业发展。大力发展绿色建材，推广应用散装水泥、预拌混凝土、预拌砂浆，推动建筑工业化。积极推进太阳能发电等新能源和可再生能源建筑规模化应用，扩大新能源产业国内市场需求。

四、推广节能环保产品，扩大市场消费需求

（一）扩大节能产品市场消费。继续实施并研究调整节能产品惠民政策，实施能效"领跑者"计划，推动超高效节能产品市场消费。强化能效标识和节能产品认证制度实施力度，引导消费者购买高效节能产品。继续采取补贴方式，推广高效节能照明、高效电机等产品。研究完善峰谷电价、季节性电价政策，通过合理价差引导群众改变生活模式，推动节能产品的应用。在北京、上海、广州等城市扩大公共服务领域新能源汽车示范推广范围，每年新增或更新的公交车中新能源汽车的比例达到60%以上，开展私人购买新能源汽车和新能源出租车、物流车补贴试点。到2015年，终端用能产品能效水平提高15%以上，高效节能产品市场占有率提高到50%以上。

（二）拉动环保产品及再生产品消费。研究扩大环保产品消费的政策措施，完善环保产品和环境标志产品认证制度，推广油烟净化器、汽车尾气净化器、室内空气净化器、家庭厨余垃圾处理器、浓缩洗衣粉等产品，满足消费者需求。放开液化石油气（LPG）市场管控，扩大农村居民使用量。开展再制造"以旧换再"工作，对交回旧件并购买"以旧换再"再制造推广试点产品的消费者，给予一定比例补贴，近期重点推广再制造发动机、电动机等。落实相关支持政策，推动粉煤灰、煤矸石、建筑垃圾、秸秆等资源综合利用产品应用。

（三）推进政府采购节能环保产品。完善政府强制采购和优先采购制度，提高采购节能环保产品的能效水平和环保标准，扩大政府采购节能环保产品范围，不断提高节能环保产品采购比例，发挥示范带动作用。政府普通公务用车要优先采购1.8升（含）以下燃油经济性达到要求的小排量汽车和新能源汽车，择优选用纯电动汽车，研究对硒鼓、墨盒、再生纸等再生产品以及汽车零部件再制造产品的政府采购支持措施。鼓励政府机关、事业单位采取购买服务的方式，提高能源、水等资源利用效率，降低使用成本。抓紧研究制定政府机关及公共机构购买新能源汽车的实施方案。

五、加强技术创新，提高节能环保产业市场竞争力

（一）支持企业技术创新能力建设。强化企业技术创新主体地位，鼓励企业加大研发投入，支持企业牵头承担节能环保国家科技计划项目。国家重点建设的节能环保技术研究中心和实验室优先在骨干企业布局。发展一批由骨干企业主导、产学研用紧密结合的产业技术创新战略联盟等平台。支持区域节能环保科技服务平台建设。

（二）加快掌握重大关键核心技术。充分发挥国家科技重大专项、科技计划专项资金等的作用，加大节能环保关键共性技术攻关力度，加快突破能源高效和分质梯级利用、污染物防治和安全处置、资源回收和循环利用、二氧化碳热泵、低品位余热利用、供热锅炉模块化等关键技术和装备。瞄准未来技术发展制高点，提前部署碳捕集、利用和封存技术装备。

（三）促进科技成果产业化转化。选择节能环保产业发展基础好的地区，建设一批产业集聚、优势突出、产学研用有机结合、引领示范作用显著的节能环保产业示范基地，支持成套装备及配套设备、关键共性技术和先进制造技术的生产制造和推广应用。加强知识产权保护，推进知识产权投融资机制建设，鼓励设立中小企业公共服务平台、出台扶持政策，支持中小型节能环保企业开展技术创新和产业化发展。筛选一批技术先进、经济适用的节能环保装备设备，扩大推广应用。

（四）推动国际合作和人才队伍建设。鼓励企业、科研机构开展国际科技交流与合作，支持企业节能环保创新人才队伍建设。依托"千人计划"和海外高层次创新创业人才基地建设，加快吸引海外高层次人才来华创新创业。依托重大人才工程，大力培养节能环保科技创新、工程技术等高端人才。

六、强化约束激励，营造有利的市场和政策环境

（一）健全法规标准。加快制（修）订节能环保标准，逐步提高终端用能产品能效标准和重点行业单位产品能耗限额标准，按照改善环境质量的需要，完善环境质量标准和污染物排放标准体系，提高污染物排放控制要求，扩大监控污染物范围，强化总量控制和有毒有害污染物排放控制，充分发挥标准对产业发展的催生促进作用，推动传统产业升级改造。完善节能环保法律法规，推动加快制定固定资产投资项目节能评估和审查法，制定节能技术推广管理办法。严格节能环保执法，严肃查处各类违法违规行为，做好行政执法与刑事司法的衔接，依法加大对环境污染犯罪的惩处力度。认真落实执法责任追究制。加强对节能环保标准、认证标识、政策措施等落实情况的监督检查。加快建立节能减排监测、评估体系和技术服务平台。

（二）强化目标责任。完善节能减排统计、监测、考核体系，健全节能减排预警机制，强化节能减排目标进度考核，建立健全行业节能减排工作评价制度。将考核结果作为领导班子和领导干部综合考核评价的重要内容，纳入政府绩效管理，落实奖惩措施，实行问责制。完善节能评估和审查制度，发挥能评对控制能耗总量和增量的重要作用。落实万家企业节能量目标，加大对重点耗能企业节能的评价考核力度。落实节能减排目标责任制，形成促进节能环保产业发展的倒逼机制。

（三）加大财政投入。加大中央预算内投资和中央财政节能减排专项资金对节能环保产业的投入，继续安排国有资本经营预算支出支持重点企业实施节能环保项目。地方各级人民政府要提高认识，加大对节能环保重大工程和技术装备研发推广的投入力度，解决突出问题。要进一步转变政府职能，完善财政支持方式和资金管理办法，简化审批程序，强化监管，充分调动各方面积极性，推动节能环保产业积极有序发展。

（四）拓展投融资渠道。大力发展绿色信贷，按照风险可控、

商业可持续的原则，加大对节能环保项目的支持力度。积极创新金融产品和服务，按照现有政策规定，探索将特许经营权等纳入贷款抵（质）押担保物范围。支持绿色信贷和金融创新，建立绿色银行评级制度。支持融资性担保机构加大对符合产业政策、资质好、管理规范的节能环保企业的担保力度。支持符合条件的节能环保企业发行企业债券、中小企业集合债券、短期融资券、中期票据等债务融资工具。选择资质条件较好的节能环保企业，开展非公开发行企业债券试点。稳步发展碳汇交易。鼓励和引导民间投资和外资进入节能环保领域。

（五）完善价格、收费和土地政策。加快制定实施鼓励余热余压余能发电及背压热电、可再生能源发展的上网和价格政策。完善电力峰谷分时电价政策，扩大应用面并逐步扩大峰谷价差。对超过产品能耗（电耗）限额标准的企业和产品，实行惩罚性电价。严格落实燃煤电厂脱硫、脱硝电价政策和居民用电阶梯价格，推行居民用水用气阶梯价格。

深化市政公用事业市场化改革，完善供热计量价格和收费管理办法，完善污水处理费和垃圾处理费政策，将污泥处理费用纳入污水处理成本，完善对自备水源用户征收污水处理费的制度。改进垃圾处理费征收方式，合理确定收费载体和标准，提高收缴率和资金使用效率。对城镇污水垃圾处理设施、"城市矿产"示范基地、集中资源化处理中心等国家支持的节能环保重点工程用地，在土地利用年度计划安排中给予重点保障。严格落实并不断完善现有节能、节水、环境保护、资源综合利用的税收优惠政策。

（六）推行市场化机制。建立主要终端用能产品能效"领跑者"制度，明确实施时限。推进节能发电调度。强化电力需求侧管理，开展城市综合试点。研究制定强制回收产品和包装物目录，建立生产者责任延伸制度，推动生产者落实废弃产品回收、处理等责任。采取政府建网、企业建厂等方式，鼓励城镇污水垃圾处理设施市场化建设和运营。深化排污权有偿使用和交易试点，建立完善排污权有偿使用和交易政策体系，研究制定排污权交易初始价格和交易价格政策。开展碳排放权交易试点。健全污染者付费制度，完善矿产资源补偿制度，加快建立生态补偿机制。

（七）支持节能环保产业"走出去"和"引进来"。鼓励有条件的企业承揽境外各类环保工程、服务项目。结合受援国需要和我国援助能力，加大环境保护、清洁能源、应对气候变化等领域的对外援助力度，支持开展相关技术、产品和服务合作。培育建设一批国家科技兴贸创新基地。鼓励节能环保企业参加各类双边或国际节能环保论坛、展览及贸易投资促进活动等，充分利用相关平台进行交流推介，开展国际合作，增强"走出去"的能力。引导外资投向节能环保产业，丰富外商投资方式，拓宽外商投资渠道，不断完善外商投资软环境。继续支持引进先进的节能环保核心关键技术和设备。国家支持节能环保产业发展的政策同等适用于符合条件的外商投资企业。

（八）开展生态文明先行先试。在做好生态文明建设顶层设计和总体部署的同时，总结有效做法和成功经验，开展生态文明先行示范区建设。根据不同区域特点，在全国选择有代表性的 100 个地区开展生态文明先行示范区建设，探索符合我国国情的生态文明建设模式。稳步扩大节能减排财政政策综合示范范围，结合新型城镇化建设，选择部分城市为平台，整合节能减排和新能源发展相关财政政策，围绕产业低碳化、交通清洁化、建筑绿色化、服务集约化、主要污染物减量化、可再生能源利用规模化等挖掘内需潜力，系统推进节能减排，带动经济转型升级，为跨区域、跨流域节能减排探索积累经验。通过先行先试，带动节能环保和循环经济工程投资和绿色消费，全面推动资源节约和环境保护，发挥典型带动和辐射效应，形成节能减排、生态文明的综合能力。

（九）加强节能环保宣传教育。加强生态文明理念和资源环境国情教育，把节能环保、生态文明纳入社会主义核心价值观宣传教育体系以及基础教育、高等教育、职业教育体系。加强舆论监督和引导，宣传先进事例，曝光反面典型，普及节能环保知识和方法，倡导绿色消费新风尚，形成文明、节约、绿色、低碳的生产方式、消费模式和生活习惯。

各地区、各部门要按照本意见的要求，进一步深化对加快发展节能环保产业重要意义的认识，切实加强组织领导和协调配合，明确任务分工，落实工作责任，扎实开展工作，确保各项任务措施落到实处，务求尽快取得实效。

国务院

2013 年 8 月 1 日

节能监察办法

中华人民共和国国家发展和改革委员会令

第 33 号

　　《节能监察办法》已经国家发展和改革委员会主任办公会审议通过，现予发布，自 2016 年 3 月 1 日起施行。

国家发展和改革委员会主任

2016 年 1 月 15 日

第一章　总　　则

　　第一条　为规范节能监察行为，提升节能监察效能，提高全社会能源利用效率，依据《中华人民共和国节约能源法》等有关法律、法规，结合节能监察工作实际，制定本办法。

　　第二条　本办法所称节能监察，是指依法开展节能监察的机构（以下简称节能监察机构）对能源生产、经营、使用单位和其他相关单位（以下简称被监察单位）执行节能法律、法规、规章和强制性节能标准的情况等进行监督检查，对违法违规用能行为予以处理，并提出依法用能、合理用能建议的行为。

　　第三条　国家发展和改革委员会负责全国节能监察工作的统筹

协调和指导。

县级以上地方人民政府管理节能工作的部门负责本行政区域内节能监察工作的统筹协调和指导。

第四条 节能监察应当遵循合法、公开、公平、公正的原则。

第二章 节能监察机构职责

第五条 省、市、县三级节能监察机构的节能监察任务分工，由省级人民政府管理节能工作的部门结合本地实际确定。

上一级节能监察机构应当对下一级节能监察机构的业务进行指导。

第六条 节能监察机构应当开展下列工作：

（一）监督检查被监察单位执行节能法律、法规、规章和强制性节能标准的情况，督促被监察单位依法用能、合理用能，依法处理违法违规行为；

（二）受理对违法违规用能行为的举报和投诉，办理其他行政执法单位依法移送或者政府有关部门交办的违法违规用能案件；

（三）协助政府管理节能工作的部门和有关部门开展其他节能监督管理工作；

（四）节能法律、法规、规章和规范性文件规定的其他工作。

第七条 节能监察机构应当配备必要的取证仪器和装备，具有从事节能监察所需的现场检测取证和合理用能评估等能力。

第八条 节能监察人员应当取得行政执法证件，并具备开展节能监察工作需要的专业素质和业务能力。

节能监察机构应当定期对节能监察人员进行业务培训。

第九条 实施节能监察不得向被监察单位收取费用。

第十条 节能监察机构应当建立健全相关保密制度，保守被监察单位的技术和商业秘密。

第三章 节能监察实施

第十一条 节能监察机构依照授权或者委托，具体实施节能监察工作。节能监察应当包括下列内容：

（一）建立落实节能目标责任制、节能计划、节能管理和技术措施等情况；

（二）落实固定资产投资项目节能评估和审查制度的情况，包括节能评估和审查实施情况、节能审查意见落实情况等；

（三）执行用能设备和生产工艺淘汰制度的情况；

（四）执行强制性节能标准的情况；

（五）执行能源统计、能源利用状况分析和报告制度的情况；

（六）执行设立能源管理岗位、聘任能源管理负责人等有关制度的情况；

（七）执行用能产品能源效率标识制度的情况；

（八）公共机构采购和使用节能产品、设备以及开展能源审计的情况；

（九）从事节能咨询、设计、评估、检测、审计、认证等服务的机构贯彻节能要求、提供信息真实性等情况；

（十）节能法律、法规、规章规定的其他应当实施节能监察的事项。

第十二条 县级以上人民政府管理节能工作的部门应当会同有关部门结合本地实际，编制节能监察计划并组织节能监察机构实施。

节能监察计划的实施情况应当报本级人民政府管理节能工作的部门。

第十三条 节能监察分为书面监察和现场监察。

实施书面监察，应当将实施监察的依据、内容、时间和要求书面通知被监察单位。

实施现场监察，应当于实施监察的五日前将监察的依据、内容、时间和要求书面通知被监察单位。办理涉嫌违法违规案件、举报投诉和应当以抽查方式实施的节能监察除外。

第十四条 实施书面监察时，被监察单位应当按照书面通知要求如实报送材料。节能监察机构应当在二十个工作日内对被监察单位报送材料的完整性、真实性，以及是否符合节能法律、法规、规章和强制性节能标准等情况进行审查。

被监察单位所报材料信息不完整的，节能监察机构可以要求被监察单位在五个工作日内补充完善，补充完善所用时间不计入审查期限。

第十五条 有下列情形之一的，节能监察机构应当实施现场监察：

（一）节能监察计划规定应当进行现场监察的；

（二）书面监察发现涉嫌违法违规的；

（三）需要对被监察单位的能源利用状况进行现场监测的；

（四）需要现场确认被监察单位落实限期整改通知书要求的；

（五）被监察单位主要耗能设备、生产工艺或者能源利用状况发生重大变化影响节能的；

（六）对举报、投诉内容需要现场核实的；

（七）应当实施现场节能监察的其他情形。

第十六条 现场监察应当有两名以上节能监察人员在场，并出示有效的行政执法证件，告知被监察单位实施节能监察的依据、内容、要求和方法，并制作现场监察笔录，必要时还应当制作询问笔录。

监察笔录和询问笔录应当如实记录实施节能监察的时间、地点、内容、参加人员、现场监察和询问的实际情况，并由节能监察人员和被监察单位的法定代表人或者其委托人、被询问人确认并签名；拒绝签名的，应当由两名以上节能监察人员在监察笔录或者询问笔录中如实注明，不影响监察结果的认定。

第十七条 实施现场监察可以采取下列措施：

（一）进入有关场所进行勘察、采样、拍照、录音、录像、制作笔录等；

（二）查阅、复制或者摘录与节能监察事项有关的文件、账目等资料；

（三）约见、询问有关人员，要求说明有关事项、提供相关材料；

（四）对用能产品、设备和生产工艺的能源利用状况等进行监测和分析评价；

（五）责令被监察单位停止明显违法违规用能行为；

（六）节能法律、法规、规章规定可以采取的其他措施。

第十八条 被监察单位有违反节能法律、法规、规章和强制性节能标准行为的，节能监察机构应当下达限期整改通知书。

被监察单位有不合理用能行为，但尚未违反节能法律、法规、规章和强制性节能标准的，节能监察机构应当下达节能监察建议书，提出节能建议或者节能措施。

节能监察机构在作出限期整改通知书前，应当充分听取被监察单位的意见，对被监察单位提出的事实、理由和证据应当进行复核。被监察单位提出的事实、理由和证据成立的，节能监察机构应当采纳。

限期整改通知书或者节能监察建议书应当在对本单位的节能监察活动结束后十五日内送达被监察单位。

被监察单位对限期整改通知书有异议的，可依法申请行政复议或者提起行政诉讼。

第十九条 被监察单位应当按照限期整改通知书的要求进行整改。节能监察机构应当进行跟踪检查并督促落实。

被监察单位的整改期限一般不超过六个月。确需延长整改期限的，被监察单位应当在期限届满十五日前以书面形式向节能监察机构提出延期申请，节能监察机构应当在期限届满前作出是否准予延期的决定，延期最长不得超过三个月。节能监察机构未在期限届满前作出决定的，视为同意延期。

第二十条　节能监察机构在同一年度内对被监察单位的同一监察内容不得重复监察。但确认被监察单位整改落实情况、处理举报投诉和由上一级节能监察机构组织的抽查除外。

第二十一条　节能监察人员与被监察单位有利害关系或者其他关系，可能影响公正监察的，应当回避。

第二十二条　建立节能监察情况公布制度。节能监察机构应当向社会公布违反节能法律、法规和标准的企业名单、整改期限、措施要求等节能监察结果。

第四章　法律责任

第二十三条　被监察单位应当配合节能监察人员依法实施节能监察。

被监察单位拒绝依法实施的节能监察的，由有处罚权的节能监察机构或委托开展节能监察的单位给予警告，责令限期改正；拒不改正的，处1万元以上3万元以下罚款。阻碍依法实施节能监察的，移交公安机关按照《治安管理处罚法》相关规定处理，构成犯罪的，依法追究刑事责任。

第二十四条　被监察单位在整改期限届满后，整改未达到要求的，由节能监察机构将相关情况向社会公布，并纳入社会信用体系记录。被监察单位仍有违反节能法律、法规、规章和强制性节能标准的用能行为的，由节能监察机构将有关线索转交有处罚权的机关进行处理。

第二十五条　节能监察机构实施节能监察有违法违规行为的，被监察单位有权向本级人民政府管理节能监察机构的机构或者上一级节能监察机构投诉。

节能监察人员滥用职权、玩忽职守、徇私舞弊，有下列情形之一的，由有管理权限的机构依法给予处分；构成犯罪的，依法追究刑事责任：

（一）泄露被监察单位的技术秘密和商业秘密的；

（二）利用职务之便非法谋取利益的；

（三）实施节能监察时向被监察单位收费或者变相收费的；

（四）有其他违法违规行为并造成较为严重后果的。

第五章　附　则

第二十六条　本办法由国家发展和改革委员会负责解释。

第二十七条　本办法自 2016 年 3 月 1 日起施行

附 录

固定资产投资项目节能审查办法

中华人民共和国国家发展和改革委员会令

第 44 号

《固定资产投资项目节能审查办法》已经国家发展和改革委员会主任办公会审议通过，现予发布，自 2017 年 1 月 1 日起施行。2010 年 9 月 17 日颁布的《固定资产投资项目节能评估和审查暂行办法》（国家发展和改革委员会令第 6 号）同时废止。

国家发展和改革委员会主任

2016 年 11 月 27 日

第一条　为促进固定资产投资项目科学合理利用能源，从源头上杜绝能源浪费，提高能源利用效率，加强能源消费总量管理，根据《中华人民共和国节约能源法》、《中华人民共和国行政许可法》、《公共机构节能条例》，制定本办法。

第二条　本办法适用于各级人民政府投资主管部门管理的在我国境内建设的固定资产投资项目。本办法所称节能审查，是指根据节能法律法规、政策标准等，对项目节能情况进行审查并形成审查意见的行为。

第三条　固定资产投资项目节能审查意见是项目开工建设、竣工验收和运营管理的重要依据。政府投资项目，建设单位在报送项目可行性研究报告前，需取得节能审查机关出具的节能审查意见。企业投资项目，建设单位需在开工建设前取得节能审查机关出具的节能审查意见。未按本办法规定进行节能审查，或节能审查未通过的项目，建设单位不得开工建设，已经建成的不得投入生产、使用。

第四条 国家发展改革委负责制定节能审查的相关管理办法，组织编制技术标准、规范和指南，开展业务培训，依据各地能源消耗总量和强度目标完成情况，对各地新上重大高耗能项目的节能审查工作进行督导。

第五条 固定资产投资项目节能审查由地方节能审查机关负责。

国家发展改革委核报国务院审批以及国家发展改革委审批的政府投资项目，建设单位在报送项目可行性研究报告前，需取得省级节能审查机关出具的节能审查意见。国家发展改革委核报国务院核准以及国家发展改革委核准的企业投资项目，建设单位需在开工建设前取得省级节能审查机关出具的节能审查意见。

年综合能源消费量 5000 吨标准煤以上（改扩建项目按照建成投产后年综合能源消费增量计算，电力折算系数按当量值，下同）的固定资产投资项目，其节能审查由省级节能审查机关负责。

其他固定资产投资项目，其节能审查管理权限由省级节能审查机关依据实际情况自行决定。

第六条 年综合能源消费量不满 1000 吨标准煤，且年电力消费量不满 500 万千瓦时的固定资产投资项目，以及用能工艺简单、节能潜力小的行业（具体行业目录由国家发展改革委制定并公布）的固定资产投资项目应按照相关节能标准、规范建设，不再单独进行节能审查。

第七条 建设单位应编制固定资产投资项目节能报告。项目节能报告应包括下列内容：分析评价依据；项目建设方案的节能分析和比选，包括总平面布置、生产工艺、用能工艺、用能设备和能源计量器具等方面；选取节能效果好、技术经济可行的节能技术和管理措施；项目能源消费量、能源消费结构、能源效率等方面的分析；对所在地完成能源消耗总量和强度目标、煤炭消费减量替代目标的影响等方面的分析评价。

第八条　节能审查机关受理节能报告后，应委托有关机构进行评审，形成评审意见，作为节能审查的重要依据。节能审查应依据项目是否符合节能有关法律法规、标准规范、政策；项目用能分析是否客观准确，方法是否科学，结论是否准确；节能措施是否合理可行；项目的能源消费量和能效水平是否满足本地区能源消耗总量和强度"双控"管理要求等对项目节能报告进行审查。

第九条　节能审查机关应在法律规定的时限内出具节能审查意见。节能审查意见自印发之日起 2 年内有效。

通过节能审查的固定资产投资项目，建设内容、能效水平等发生重大变动的，建设单位应向节能审查机关提出变更申请。

第十条　固定资产投资项目投入生产、使用前，应对其节能审查意见落实情况进行验收。

第十一条　固定资产投资项目节能审查应纳入投资项目在线审批监管平台统一管理，实行网上受理、办理、监管和服务，实现审查过程和结果的可查询、可监督。

第十二条　节能审查机关应加强节能审查信息的统计分析，强化事中事后监管，对节能审查意见落实情况进行监督检查。省级节能审查机关应按季度向国家发展改革委报送本地区节能审查实施情况。

国家发展改革委实施全国节能审查信息动态监管，对各地节能审查实施情况进行定期巡查，对重大项目节能审查意见落实情况进行不定期抽查，对违法违规问题进行公开，并依法给予行政处罚。

第十三条　对未按本办法规定进行节能审查，或节能审查未获通过，擅自开工建设或擅自投入生产、使用的固定资产投资项目，由节能审查机关责令停止建设或停止生产、使用，限期改造；不能改造或逾期不改造的生产性项目，由节能审查机关报请本级人民政府按照国务院规定的权限责令关闭；并依法追究有关责任人的责任。以拆分项目、提供虚假材料等不正当手段通过节能审查的固定资产投资项目，由节能审查机关撤销项目的节能审查意见。未落实节能审查意见要求的固定资产投资项目，节能审查机关责令建设单位限期整改。不能改正或逾期不改正的，节能审查机关按照法律法规的有关规定进行处罚。

负责审批政府投资项目的工作人员，对未进行节能审查或节能审查未获通过的项目，违反本办法规定予以批准的，依法给予处分。

第十四条 节能审查机关对建设单位、中介机构等的违法违规信息进行记录，将违法违规信息纳入全国信用信息共享平台和投资项目审批监管平台，在"信用中国"网站向社会公开。

第十五条 固定资产投资项目节能评审、业务培训、监督检查，以及标准指南编制等工作经费，按照国家有关规定纳入部门预算，并按照规定程序向同级财政部门申请。

第十六条 省级节能审查机关可根据《中华人民共和国节约能源法》和本办法，制定具体实施办法。

第十七条 本办法由国家发展和改革委员会负责解释。

第十八条 本办法自2017年1月1日起施行。原《固定资产投资项目节能评估和审查暂行办法》（国家发展和改革委员会令第6号）同时废止。

全国普法学习读本

★ ★ ★ ★ ★

>>>>> 节能减排法律法规学习读本 <<<<<

节能减排专项法律法规

加大全民普法力度，建设社会主义法治文化，树立宪法法律
至上、法律面前人人平等的法治理念。

—— 中国共产党第十九次全国代表大会《决胜全面建
成小康社会 夺取新时代中国特色社会主义伟大胜利》

王金锋　主编

汕头大学出版社

图书在版编目（CIP）数据

节能减排专项法律法规 / 王金锋主编. -- 汕头：
汕头大学出版社（2021.7重印）
（节能减排法律法规学习读本）
ISBN 978-7-5658-2961-1

Ⅰ. ①节… Ⅱ. ①王… Ⅲ. ①节能法–中国–学习参
考资料 Ⅳ. ①D922. 674

中国版本图书馆 CIP 数据核字（2018）第 034931 号

节能减排专项法律法规　JIENENG JIANPAI ZHUANXIANG FALÜ FAGUI

主　　编：王金锋
责任编辑：邹　峰
责任技编：黄东生
封面设计：大华文苑
出版发行：汕头大学出版社
　　　　　广东省汕头市大学路 243 号汕头大学校园内　　邮政编码：515063
电　　话：0754-82904613
印　　刷：三河市南阳印刷有限公司
开　　本：690mm×960mm 1/16
印　　张：18
字　　数：226 千字
版　　次：2018 年 5 月第 1 版
印　　次：2021 年 7 月第 2 次印刷
定　　价：59.60 元（全 2 册）
ISBN 978-7-5658-2961-1

前 言

习近平总书记指出："推进全民守法，必须着力增强全民法治观念。要坚持把全民普法和守法作为依法治国的长期基础性工作，采取有力措施加强法制宣传教育。要坚持法治教育从娃娃抓起，把法治教育纳入国民教育体系和精神文明创建内容，由易到难、循序渐进不断增强青少年的规则意识。要健全公民和组织守法信用记录，完善守法诚信褒奖机制和违法失信行为惩戒机制，形成守法光荣、违法可耻的社会氛围，使遵法守法成为全体人民共同追求和自觉行动。"

中共中央、国务院曾经转发了中央宣传部、司法部关于在公民中开展法治宣传教育的规划，并发出通知，要求各地区各部门结合实际认真贯彻执行。通知指出，全民普法和守法是依法治国的长期基础性工作。深入开展法治宣传教育，是全面建成小康社会和新农村的重要保障。

普法规划指出：各地区各部门要根据实际需要，从不同群体的特点出发，因地制宜开展有特色的法治宣传教育坚持集中法治宣传教育与经常性法治宣传教育相结合，深化法律进机关、进乡村、进社区、进学校、进企业、进单位的"法律六进"主题活动，完善工作标准，建立长效机制。

特别是农业、农村和农民问题，始终是关系党和人民事业发展的全局性和根本性问题。党中央、国务院发布的《关于推进社会主义新农村建设的若干意见》中明确提出要"加强农村法制建设，深入开展农村普法教育，增强农民的法制观念，提高农民依法行使权利和履行义务的自觉性。"多年普法实践证明，普及法律知识，提高法制观念，增强全社会依法办事意识具有重要作用。特别是在广大农村进行普法教育，是提高全民法律素质的需要。

多年来，我国在农村实行的改革开放取得了极大成功，农村发生了翻天覆地的变化，广大农民生活水平大大得到了提高。但是，由于历史和社会等原因，现阶段我国一些地区农民文化素质还不高，不学法、不懂法、不守法现象虽然较原来有所改变，但仍有相当一部分群众的法制观念仍很淡化，不懂、不愿借助法律来保护自身权益，这就极易受到不法的侵害，或极易进行违法犯罪活动，严重阻碍了全面建成小康社会和新农村步伐。

为此，根据党和政府的指示精神以及普法规划，特别是根据广大农村农民的现状，在有关部门和专家的指导下，特别编辑了这套《全国普法学习读本》。主要包括了广大人民群众应知应懂、实际实用的法律法规。为了辅导学习，附录还收入了相应法律法规的条例准则、实施细则、解读解答、案例分析等；同时为了突出法律法规的实际实用特点，兼顾地方性和特殊性，附录还收入了部分某些地方性法律法规以及非法律法规的政策文件、管理制度、应用表格等内容，拓展了本书的知识范围，使法律法规更"接地气"，便于读者学习掌握和实际应用。

在众多法律法规中，我们通过甄别，淘汰了废止的，精选了最新的、权威的和全面的。但有部分法律法规有些条款不适应当下情况了，却没有颁布新的，我们又不能擅自改动，只得保留原有条款，但附录却有相应的补充修改意见或通知等。众多法律法规根据不同内容和受众特点，经过归类组合，优化配套。整套普法读本非常全面系统，具有很强的学习性、实用性和指导性，非常适合用于广大农村和城乡普法学习教育与实践指导。总之，是全国全民普法的良好读本。

目　　录

工业节能管理办法

民用建筑节能条例

交通运输节能减排专项资金管理暂行办法

煤矸石综合利用管理办法

工业节能管理办法

中华人民共和国工业和信息化部令

第 33 号

《工业节能管理办法》已经 2016 年 4 月 20 日工业和信息化部第 21 次部务会议审议通过，现予公布，自 2016 年 6 月 30 日起施行。

工业和信息化部部长

2016 年 4 月 27 日

第一章 总 则

第一条 为了加强工业节能管理，健全工业节能管理体系，持续提高能源利用效率，推动绿色低碳循环发展，促进生态文明建设，根据《中华人民共和国节约能源法》等法律、行政法规，制定本办法。

第二条　本办法所称工业节能，是指在工业领域贯彻节约资源和保护环境的基本国策，加强工业用能管理，采取技术上可行、经济上合理以及环境和社会可以承受的措施，在工业领域各个环节降低能源消耗，减少污染物排放，高效合理地利用能源。

第三条　本办法适用于中华人民共和国境内工业领域的用能及节能监督管理活动。

第四条　工业和信息化部负责全国工业节能监督管理工作，组织制定工业能源战略和规划、能源消费总量控制和节能目标、节能政策和标准，组织协调工业节能新技术、新产品、新设备、新材料的推广应用，指导和组织工业节能监察工作等。

县级以上地方人民政府工业和信息化主管部门负责本行政区域内工业节能监督管理工作。

第五条　工业企业是工业节能主体，应当严格执行节能法律、法规、规章和标准，加快节能技术进步，完善节能管理机制，提高能源利用效率，并接受工业和信息化主管部门的节能监督管理。

第六条　鼓励行业协会等社会组织在工业节能规划、节能标准的制定和实施、节能技术推广、能源消费统计、节能宣传培训和信息咨询、能效水平对标达标等方面发挥积极作用。

第二章　节能管理

第七条　各级工业和信息化主管部门应当编制并组织实施

工业节能规划或者行动方案。

第八条 各级工业和信息化主管部门应当加强产业结构调整，会同有关部门制定有利于工业节能减排的产业政策，综合运用阶梯电价、差别电价、惩罚性电价等价格政策，以及财税支持、绿色金融等手段，推动传统产业绿色化改造和节能产业发展。

各级工业和信息化主管部门应当推动高效节能产品和设备纳入政府采购名录，在政府性投资建设项目招标中优先采用。

第九条 工业和信息化部建立工业节能技术、产品的遴选、评价及推广机制，发布先进适用工业节能技术、高效节能设备（产品）推荐目录，以及达不到强制性能效标准的落后工艺技术装备淘汰目录。加快先进工业节能技术、工艺和设备的推广应用，加强工业领域能源需求侧管理，培育工业行业能效评估中心，推进工业企业节能技术进步。

鼓励关键节能技术攻关和重大节能装备研发，组织实施节能技术装备产业化示范，促进节能装备制造业发展。

第十条 工业和信息化部依法组织制定并适时修订单位产品能耗限额、工业用能设备（产品）能源利用效率等相关标准以及节能技术规范，并组织实施和监督。

鼓励地方和工业企业依法制定严于国家标准、行业标准的地方工业节能标准和企业节能标准。

引导行业协会等社会组织和产业技术联盟根据本行业特点制定团体节能标准。

第十一条 工业和信息化部组织编制工业能效指南，发布主要耗能行业产品（工序）等工业能效相关指标，建立行业能效水平指标体系并实行动态调整。

第十二条 各级工业和信息化主管部门根据工业能源消费状况和工业经济发展情况，研究提出本行政区域工业能源消费总量控制目标和节能目标，实行目标管理。

第十三条 各级工业和信息化主管部门应当依据职责对工业企业固定资产投资项目节能评估报告开展有关节能审查工作。对通过审查的项目，应当加强事中事后监管，对节能措施落实情况进行监督管理。

第十四条 各级工业和信息化主管部门应当定期分析工业能源消费和工业节能形势，建立工业节能形势研判和工业能耗预警机制。

第十五条 各级工业和信息化主管部门应当建立工业节能管理岗位人员和专业技术人员的教育培训机制，制定教育培训计划和大纲，组织开展专项教育和岗位培训。

各级工业和信息化主管部门应当开展工业节能宣传活动，积极宣传工业节能政策法规、节能技术和先进经验等。

第十六条 各级工业和信息化主管部门应当培育节能服务产业发展，支持节能服务机构开展工业节能咨询、设计、评估、计量、检测、审计、认证等服务，积极推广合同能源管理、节能设备租赁、政府和社会资本合作模式、节能自愿协议等节能机制。科学确立用能权、碳排放权初始分配，开展用能权、碳排放权交易相关工作。

第三章　节能监察

第十七条　工业和信息化部指导全国的工业节能监察工作，组织制定和实施全国工业节能监察年度工作计划。

县级以上地方人民政府工业和信息化主管部门应当结合本地区实际情况，组织实施本地区工业节能监察工作。

第十八条　各级工业和信息化主管部门应当加强节能监察队伍建设，建立健全节能监察体系。

节能监察机构所需经费依法列入同级财政预算，支持完善硬件设施、加强能力建设、开展业务培训。实施节能监察不得向监察对象收取费用。

第十九条　各级工业和信息化主管部门应当组织节能监察机构，对工业企业执行节能法律法规情况、强制性单位产品能耗限额及其他强制性节能标准贯彻执行情况、落后用能工艺技术设备（产品）淘汰情况、固定资产投资项目节能评估和审查意见落实情况、节能服务机构执行节能法律法规情况等开展节能监察。

各级工业和信息化主管部门应当明确年度工业节能监察重点任务，并根据需要组织节能监察机构开展联合监察、异地监察等。

工业和信息化部可以根据需要委托地方节能监察机构执行有关专项监察任务。

第二十条　工业节能监察应当主要采取现场监察方式，必要时可以采取书面监察等方式。现场监察应当由两名以上节能监察人员进行，可以采取勘察、采样、拍照、录像、查阅有关文件资料和账目，约见和询问有关人员，对用能产品、设备和生产工艺的能源利用状况进行监测和分析评价等措施。

第二十一条 节能监察机构应当建立工业节能监察情况公布制度，定期公开工业节能监察结果，主动接受社会监督。

第四章　工业企业节能

第二十二条 工业企业应当加强节能减排工作组织领导，建立健全能源管理制度，制定并实施企业节能计划，提高能源利用效率。

第二十三条 工业企业应当设立可测量、可考核的年度节能指标，完善节能目标考核奖惩制度，明确岗位目标责任，加强激励约束。

第二十四条 工业企业对各类能源消耗实行分级分类计量，合理配备和使用符合国家标准的能源计量器具，提高能源计量基础能力，确保原始数据真实、准确、完整。

第二十五条 工业企业应当明确能源统计人员，建立健全能源原始记录和统计台账，加强能源数据采集管理，并按照规定报送有关统计数据和资料。

第二十六条 工业企业应当严格执行国家用能设备（产品）能效标准及单位产品能耗限额标准等强制性标准，禁止购买、使用和生产国家明令淘汰的用能设备（产品），不得将国家明令淘汰的用能工艺、设备（产品）转让或者租借他人使用。

第二十七条　鼓励工业企业加强节能技术创新和技术改造，开展节能技术应用研究，开发节能关键技术，促进节能技术成果转化，采用高效的节能工艺、技术、设备（产品）。

鼓励工业企业创建"绿色工厂"，开发应用智能微电网、分布式光伏发电、余热余压利用和绿色照明等技术，发展和使用绿色清洁低碳能源。

第二十八条　工业企业应当定期对员工进行节能政策法规宣传教育和岗位技术培训。

第五章　重点用能工业企业节能

第二十九条　加强对重点用能工业企业的节能管理。重点用能工业企业包括：

（一）年综合能源消费总量一万吨标准煤（分别折合 8000 万千瓦时用电、6800 吨柴油或者 760 万立方米天然气）以上的工业企业；

（二）省、自治区、直辖市工业和信息化主管部门确定的年综合能源消费总量五千吨标准煤（分别折合 4000 万千瓦时用电、3400 吨柴油或者 380 万立方米天然气）以上不满一万吨标准煤的工业企业。

第三十条　工业和信息化部加强对全国重点用能工业企业节能管理的指导、监督。

省、自治区、直辖市工业和信息化主管部门对本行政区域内重点用能工业企业节能实施监督管理。

设区的市和县级人民政府工业和信息化主管部门在上级工业和信息化主管部门的指导下，对重点用能工业企业实施属地管理，并可以根据实际情况，确定重点用能工业企业以外的工业企业开展节能监督管理。

第三十一条　重点用能工业企业应当根据能源消费总量和生产场所集中程度、生产工艺复杂程度，设立能源统计、计量、技术和综合管理岗位，任用具有节能专业知识、实际工作经验及中级以上技术职称的企业高级管理人员担任能源管理负责人，形成有岗、有责、全员参与的能源管理组织体系。

重点用能工业企业能源管理岗位设立和能源管理负责人任用情况应当报送有关的工业和信息化主管部门备案。

第三十二条　鼓励重点用能工业企业开展能源审计，并根据审计结果制定企业节能规划和节能技术改造方案，跟踪、落实节能改造项目的实施情况。

第三十三条　重点用能工业企业应当每年向有关的工业和信息化主管部门报送上年度的能源利用状况报告。能源利用状况报告包括能源购入、加工、转换与消费情况，单位产品能耗、主要耗能设备和工艺能耗、能源利用效率，能源管理、节能措施、节能效益分析、节能目标完成情况以及能源消费预测等内容。

第三十四条　重点用能工业企业不能完成年度节能目标的，由有关的工业和信息化主管部门予以通报。

第三十五条　重点用能工业企业应当积极履行社会责任，

鼓励重点用能工业企业定期发布包含能源利用、节能管理、员工关怀等内容的企业社会责任报告。

第三十六条 重点用能工业企业应当开展能效水平对标达标活动，确立能效标杆，制定实施方案，完善节能管理，实施重大节能技术改造工程，争创能效"领跑者"。

第三十七条 鼓励重点用能工业企业建设能源管控中心系统，利用自动化、信息化技术，对企业能源系统的生产、输配和消耗实施动态监控和管理，改进和优化能源平衡，提高企业能源利用效率和管理水平。

第三十八条 重点用能工业企业应当建立能源管理体系，采用先进节能管理方法与技术，完善能源利用全过程管理，促进企业节能文化建设。

第六章　法律责任

第三十九条 各级工业和信息化主管部门和相关部门依据职权，对有下列情形之一的工业企业，依照《中华人民共和国节约能源法》等法律法规予以责令限期改正、责令停用相关设备、警告、罚款等，并向社会公开：

（一）用能不符合强制性能耗限额和能效标准的；

（二）能源统计和能源计量不符合国家相关要求的；

（三）能源数据弄虚作假的；

（四）生产、使用国家明令淘汰的高耗能落后用能产品、设备和工艺的；

（五）违反节能法律、法规的其他情形。

第四十条　各级工业和信息化主管部门及节能监察机构工作人员，在工业节能管理中有下列情形之一的，依法给予处分；构成犯罪的，依法追究刑事责任：

（一）泄露企业技术秘密、商业秘密的；

（二）利用职务上的便利谋取非法利益的；

（三）违法收取费用的；

（四）滥用职权、玩忽职守、徇私舞弊的。

第七章　附　则

第四十一条　县级以上地方人民政府工业和信息化主管部门可以依据本办法和本地实际，制定具体实施办法。

第四十二条　本办法自 2016 年 6 月 30 日起施行。

附　录

"十三五"节能环保产业发展规划

发展节能环保产业，是培育发展新动能、提升绿色竞争力的重大举措，是补齐资源环境短板、改善生态环境质量的重要支撑，是推进生态文明建设、建设美丽中国的客观要求。为加快将节能环保产业培育成我国国民经济的支柱产业，根据《国民经济和社会发展第十三个五年规划纲要》，制定本规划。

一、发展基础

"十二五"期间，在国家一系列政策支持和全社会共同努力下，我国节能环保产业发展取得显著成效。产业规模快速扩大，2015 年产值约 4.5 万亿元，从业人数达 3000 多万。技术装备水平大幅提升，高效燃煤锅炉、高效电机、膜生物反应器、高压压滤机等装备技术水平国际领先，燃煤机组超低排放、煤炭清洁高效加工及利用、再制造等技术取得重大突破，拥有世界一流的除尘脱硫、生活污水处理、余热余压利用、绿色照明等装备供给能力。产业集中度明显提高，涌现出 70 余家年营业收入超过 10 亿元的节能环保龙头企业，形成了一批节能环保产业基地。节能环保服务业保持良好发展势头，合同能源管理、环境污染第三方治理等服务模式得到广泛应用，一批生产制造型企业快速向生产服务型企业转变。

同时，我国节能环保产业发展还存在不少困难和问题，突出表现在：自主创新能力不强，缺乏基础性、开拓性、颠覆性技术创新，部分关键设备和核心零部件受制于人，垃圾渗滤液处理、高盐工业废水处理、能量系统优化等难点技术有待突破，高端技术装备供给能力不强。市场秩序不规范，环境基础设施建设等领域恶性竞争问题突出，部分地区地方保护现象严重、市场竞争不充分，产品能效、水效虚标屡禁不止，部分落后低效技术装备对中高端产品形成市场挤压。节能环保服务业违约现象增多，纠纷处理尚未建立机制性安排。制度体系不完善，节能环保标准建设滞后，税收优惠政策有待进一步落实，企业融资难、融资贵问题突出，绿色消费缺乏有力引导。

提高资源利用效率、保护和改善生态环境，是人类社会发展的永恒主题，是我国发展面临的紧迫任务。我国资源环境形势严峻，有世界上最强烈的环境改善诉求，有最大的节能环保市场，有良好的产业发展基础，发展节能环保产业大有可为。要紧紧抓住历史机遇，推动节能环保产业和传统产业融合发展，做好存量的绿色化改造和增量的绿色化构建，提升经济整体的绿色竞争力，促进经济社会发展绿色转型，以最少的成本取得更大的环境和社会效益。

二、总体要求

（一）指导思想

全面贯彻党的十八大和十八届三中、四中、五中全会精神，深入落实习近平总书记系列重要讲话精神，牢固树立创新、协调、绿色、开放、共享的新发展理念，立足发展阶段和现实国情，以解决突出资源环境问题为导向，以提高节能环保供给水平为主线，以创新为驱动，以重大工程为着力点，不断完善政策措施，优化市场环境，运用市场机制引导社会资源要素充分、有序投入节能环保产业，实现节能环保产业的快速、提质、创新发展，为改善环境质量、建设美丽中国提供可靠保障。

（二）基本原则

坚持创新引领。以节能环保领域科技创新为核心，强化产学研用结合，打造协同创新平台，提高原始创新能力，加快技术更新换代。推动商业、服务、管理模式创新，满足多元化、个性化市场需求。促进新技术、新产品、新服务脱颖而出，提升节能环保产业供给质量和水平。

坚持市场主导。充分发挥市场在节能环保产业资源配置中的决定性作用，规范市场秩序，形成统一开放、平等准入、竞争有序的市场体系。更好发挥政府作用，加强政策扶持，打破隐形壁垒，强化监督管理。

坚持重点突破。以系统节能、水气土环境污染治理、尾矿资源化及工业废渣利用等影响可持续发展的突出问题为重点，有针对性的加强关键节能环保技术装备产品的研发攻关，提升节能环保产业对解决重大资源环境问题的支撑能力。

坚持开放共赢。坚持"引进来"和"走出去"并重，鼓励外商投资，积极引进先进技术和管理经验；结合"一带一路"、国际产能合作、绿色对外援助等，支持我国节能环保企业参与全球生态环境保护事业。

（三）主要目标

到 2020 年，节能环保产业快速发展、质量效益显著提升，高效节能环保产品市场占有率明显提高，一批关键核心技术取得突破，有利于节能环保产业发展的制度政策体系基本形成，节能环保产业成为国民经济的一大支柱产业。

——产业规模持续扩大，吸纳就业能力增强。节能环保产业增加值占国内生产总值比重为 3% 左右，吸纳就业能力显著增强。

——技术水平进步明显，节能环保装备产品市场占有率显著提高。拥有一批自主知识产权的关键共性技术，一些难点技术得到突破，装备成套化与核心零部件国产化程度进一步提高，主要节能环保产品和设备销售量比 2015 年翻一番。

——产业集中度提高，竞争能力增强。到 2020 年，培育一批具有国际竞争力的大型节能环保企业集团，在节能环保产业重点领域培育骨干企业 100 家以上。形成 20 个产业配套能力强、辐射带动作用大、服务保障水平高的节能环保产业集聚区。

——市场环境更加优化，政策机制更加成熟。全国统一、竞争充分、规范有序的市场体系基本建立，价格、财税、金融等引导支持政策日趋健全，群众购买绿色产品和服务意愿明显增强。

三、提升技术装备供给水平

加大研发投入力度，加强核心技术攻关，推动跨学科技术创新，促进科技成果加快转化，开展绿色装备认证评价，淘汰落后供给能力，着力提高节能环保产业供给水平，全面提升装备产品的绿色竞争力。

（一）节能技术装备

工业锅炉。加快研发高效低氮燃烧器、智能配风系统等高效清洁燃烧设备和波纹板式换热器、螺纹管式换热器等高效换热设备。支持开发锅炉系统能效在线诊断与专家咨询系统、主辅机匹配优化技术等，不断提高锅炉自动调节和智能燃烧控制水平。推进高效环保的循环流化床、工业煤粉锅炉及生物质成型燃料锅炉等产业化。鼓励锅炉制造企业提供锅炉及配套环保设施设计、生产、安装、运行等一体化服务。

电机系统。加强绝缘栅极型功率管、特种非晶电机和非晶电抗器等核心元器件的研发，加快特大功率高压变频、无功补偿控制系统等核心技术以及冷轧硅钢片、新型绝缘材料等关键材料的应用，推动高效风机水泵等机电装备整体化设计，促进电机及拖动系统与电力电子技术、现代信息控制技术、计量测试技术相融合。加快稀土永磁无铁芯电机等新型高效电机的研发示范。

能量系统优化。加大系统优化技术研发和推广力度，鼓励先进节能技术、信息控制技术与传统生产工艺的集成优化运用，加强流程工业系统节能。针对新增产能和具备条件的既有产能，以整合设计为突破口，形成贯通整个工业企业生产流程的综合性节能工艺技术路线。

专栏 1　重点行业能量系统优化的重点节能技术

（一）钢铁行业

开发热态炉渣余热高效回收和资源化利用技术、复合铁焦新技术、换热式两段焦炉技术等。推广"一罐到底"铁水供应、烧结烟气循环、高温高压干熄焦等技术。

（二）有色行业

开发铝电解槽大型化及智能化技术、连续或半连续镁冶炼技术等。推广铝液直供、新型结构铝电解槽、高效强化拜耳法氧化铝生产、富氧熔炼、粗铜连续吹炼等技术。

（三）石化和化工行业

开发油品及大宗化工原料绿色制备技术、石化装置换热系统智能控制技术等。推广炼化能量系统优化、烯烃原料轻质化、高效清洁先进煤气化等技术。

（四）建材行业

开发水泥制造全流程信息化模糊控制策略、平板玻璃节能窑炉新技术、浮法玻璃生产过程数字化智能型控制与管理技术等。推广高效熟料煅烧、玻璃熔窑纯低温余热发电、陶瓷薄形化和湿改干等技术。

（五）煤化工行业

大力发展焦炉煤气、煤焦油、电石尾气等副产品的高质高效利用技术。

余能回收利用。加强有机朗肯循环发电、吸收式换热集中供热、低浓度瓦斯发电等技术攻关，推动中低品位余热余压资源回收利用。加快炉渣、钢坯和钢材等余热回收利用技术开发，推进固态余热资源回收利用。探索余热余压利用新方式，鼓励余热温差发电、新型相变储热材料、液态金属余热利用换热器技术等研发。推动余热余压跨行业协同利用和余热供暖应用。

照明和家电。推动半导体照明节能产业发展水平提升，加快大尺寸外延芯片制备、集成封装等关键技术研发，加快硅衬底 LED 技术产业化，推进高纯金属有机化合物（MO 源）、生产型金属有机源化学气相沉积设备（MOCVD）等关键材料和设备产业化，支持 LED 智能系统技术发展。大幅提高空调、冰箱、电视机、热水器等主要用能家电能效水平，加快智能控制、低待机能耗技术等通用技术的推广应用。

绿色建材。鼓励开发保温、隔热及防火性能良好、施工便利、使用寿命长的外墙保温材料、低辐射镀膜玻璃、断桥隔热门窗、遮阳系统等，开发推广结构与保温装饰一体化外墙板，引导高性能混凝土、高强钢等建材的应用。支持发展环境友好型建筑涂料和胶黏剂，推广应用高分子防水材料、密封材料和热反射膜。

（二）环保技术装备

大气污染防治。加快烟气多污染物协同处理技术及其集成工艺、成套装备与催化剂开发，攻克低氮燃烧和脱硝工艺氨逃逸控制、PM2.5 和臭氧主要前体物联合脱除、窑炉多污染物协同控制技术，研发脱硫、脱硝、除尘、除汞副产物的回收利用技术。探索挥发性有机物（VOCs）源头控制方法，研发推广吸附浓缩、低温等离子体净化、生物法脱臭、光氧化和光催化等末端治理及组合治理技术，在石油石化、汽车喷涂、印刷等行业开展 VOCs 治理，推进吸附材料再生平台示范建设。促进发动机、汽轮机等机内净化、尾气治理、蒸发排放控制等移动源环保升级，以及柴油机（车）排放净化。加强大气污染来源识别及区域联防联控技术集成研究。推进钢铁、水泥等行业以特别排放限值或更高标准为目标的技术研发示范和应用。

水污染防治。加强高浓度难降解工业废水处理、水体富营养化控制、总磷达标排放等关键技术研发力度，着力突破藻毒素处理、饮用水消毒副产物去除等水安全保障技术。开展地下水污染溯源技术、修复材料及技术研究，开展工业废水生物毒性、急性毒性等前瞻性技术研究，开发新型高效水处理材料及高效水处理生物菌剂。加快反渗透膜、纳滤膜的推广，提高膜生物反应器性能、降低成本。开展高效低耗生活污水处理与回用工艺研发和示范，示范推广污泥无害化资源化处理技术。大力推行低成本、微动力的小型水处理技术和畜禽养殖面源污染控制技术，推动小城镇和农村生活污水以及施工营地生产生活污水分散处理。

土壤污染防治。增强土壤污染诊断水平，增强风险识别、污染物快速检测、土壤及地下水污染阻隔等风险管控能力。突破功能材料（药剂）、土壤调理剂和修复药剂的技术和成本瓶颈。加快实现原位修复专用工程设备国产化。加强生命科学技术在土壤修复领域的技术储备。提升农田土壤重金属和持久性有机污染物快速检测修复技术水平，以及污染场地风险评价数值模拟技术水平。开展污染场地和矿山修复，推动土壤污染治理试点示范。

城镇生活垃圾和危险废物处理处置。提高生活垃圾焚烧飞灰、浓缩渗滤液、填埋气利用技术水平，加快村镇低成本小型垃圾处理成套设备开发示范。着力突破重金属废物、抗生素菌渣、高毒持久性废物综合整治工作，推动与我国危险废物基本特征相适应的利用处置技术研发，提升危险废物利用处置过程的风险控制水平，促进危险废物高效焚烧装备产业化，提升危险废物环境管理的精细化、信息化水平。

噪声和振动控制。开发新型吸声、隔声、隔振、减振材料，重点推进阻尼弹簧浮置板轨道隔振技术国产化，提升配套产品的自动化和集成化水平。推动燃煤电厂低频噪声源头治理成套设备研发和应用。推进施工场地、机场等环境噪声在线连续监测技术设备的研发和应用，加强低成本、可移动降噪设备研究与推广。

环境大数据。推动在线监测技术与信息化技术的深度融合，加强环境物联网与大数据建设，实现环境监测数据模型化、精细化、准确化。以突出环境问题为重点，加强挥发性有机污染物（VOCs）、重金属、火电厂 ppb 级 PM2.5 在线监测和现场快速检测技术，以及相关标准物质的研发和应用。开展大气新型污染物、空气环境颗粒物、工业排放气体在线监测计量、水质生物毒性监测、土壤和地下水监测等技术研究。研究适用范围广、监测数据准确的多参数水质自动检测仪器和连续监测装备，推进水质自动化监测。提高在线监测仪器的测量精度和性能稳定性，提升仪器仪表智能化水平。

（三）资源循环利用技术装备

尾矿资源化。开发选矿药剂及装备，加快多种共伴生有价组分综合回收利用等高效尾矿回收技术研发。加大膏体尾矿干式堆存、尾矿高浓度充填自动化控制、高浓度尾矿胶结充填采矿等关键技术装备的研发力度。开发低成本生产超高强度混凝土、微晶玻璃等尾矿利用产品。加大煤矸石资源化利用技术研发。

工业废渣。积极研发源头减量、杂质脱除、结构重构、强化成型等关键技术，突破冶炼渣多种有价组分综合回收技术，示范推广赤泥、脱硫石膏、磷石膏、粉煤灰等工业废渣的高效无害化处理技术和资源化利用技术。开发以工业废渣为原料的高附加值产品和低成本利用技术。

专栏2　工业废渣研发和推广的技术及产品

（一）赤泥

重点研发低成本赤泥脱碱、高铁赤泥及赤泥铁精矿深度还原再选技术、赤泥制备路基固结材料，开发以赤泥为主要原料的泡沫玻璃、循环流化床脱硫剂、环境修复材料、化学结合陶瓷（CBC）复合材料等产品。

（二）冶炼渣

重点研发微膨胀型充填采矿专用胶凝材料、多种有价组分综合回收等技术。

（三）副产石膏

重点突破低能耗磷石膏制硫酸钾副产氯化铵等技术和利用副产石膏改良土壤、脱硫石膏质量在线监测等技术；推广磷石膏、不溶性含钾页岩制酸联产硅钙镁肥技术。

（四）粉煤灰

推广粉煤灰分质分级利用系统化技术、粉煤灰提取氧化铝和高附加值元素技术、粉煤灰制作纤维纸浆、粉煤灰制备超细纤维等技术；研发粉煤灰提取 Fe_2O_3、漂珠、碳粒等多重有价组分技术，突破高铝粉煤灰低能耗冶炼硅铝合金、粉煤灰制备环保材料、大掺量粉煤灰混凝土路面材料技术等技术。

再生资源。加快开发报废汽车和废旧电器电子产品的智能拆解和拆解物自动化分选等关键技术装备，研发废旧塑料的改性改质技术。开展农业废弃物资源化利用，推动以农林废弃物原料生产高强度纤维板、轻质装饰用防火板等中高端产品。研发餐厨垃圾的低成本资源化技术和产品。探索废旧太阳能光伏板、报废动力蓄电池、废碳纤维材料、废纺织品、废节能灯、农膜和农药化肥等新型废弃物的资源化利用及无害化处理技术。鼓励企业研发和应用智能型回收设备。鼓励研发和推广基于物联网的再生资源收运系统。

再制造。研发推广生物表面处理、自动化纳米颗粒复合电刷镀、自动化高速电弧喷涂等再制造产品表面处理技术和废旧汽车发动机、机床、电机、盾构机等无损再制造技术，突破自动化激光熔覆成形、自动化微束等离子熔覆、在役再制造等关键共性技术。开发基于监测诊断的个性化设计、自动化高效解体、零部件绿色清洗、再制造产品疲劳检测与服役寿命评估等技术。组织实施再制造技术工艺应用示范。

水资源节约利用。开发雨水高效回收利用、管网检漏和防渗、民用净水设备浓水利用等节水技术，研发和推广高效生活用水节水器具。农业领域推广输水明渠防渗、喷灌、微灌、水肥一体化等节水灌溉技术，工业领域推广高硬高碱循环水处理技术、水质分级梯级利用技术、高钙高 COD 废水处理回用技术、变频节水系统等节水技术。进一步解决反渗透膜、超滤纤维等水处理关键部件运行不稳定、寿命短等技术障碍，大力推进反渗透淡化装置和真空纤维超滤水处理等海水、苦咸水淡化技术。

四、创新节能环保服务模式

深入推进节能环保服务模式创新，培育新业态，拓展新领域，凝聚新动能，提高服务专业化水平，充分激发节能环保市场活力。

（一）节能节水服务

做大做强节能服务产业，创新合同能源管理服务模式，健全效益分享型机制，推广能源费用托管、节能量保证、融资租赁等商业模式，满足用能单位个性化需要。支持开展节能咨询、评估、监测、检验检测、审计、认证等服务。鼓励节能服务公司整合上下游资源，为用户提供诊断、设计、融资、建设、运营等合同能源管理"一站式"服务，推动服务内容由单一设备、单一项目改造向能量系统优化、区域能效提升拓展。到 2020 年，节能服务业总产值达到 6000 亿。鼓励采用合同节水模式，在电力、化工、钢铁、造纸、纺织、炼焦等高耗水行业开展节水改造，实施 100 个合同节水管理示范试点。

（二）环境污染第三方治理

推进环境基础设施建设运营市场化，采取政府和社会资本合作（PPP）、特许经营、委托运营等方式引导社会资本提供环境基础设施投资运营服务，完善工程总承包+系统托管运营（EPC+C）、项目管理承包（PMC）等运营机制。进一步明确第三方治理项目的绩效考核指标体系，减少项目在运营期的争议。对政府负有支付义务的项目，应纳入预算管理。开展小城镇、园区环境综合治理托管试点与环境服务试点，鼓励地方政府采取环境绩效合同服务模式引入服务商，推行环境治理整体式设计、模块化建设、一体化运营。创新排污企业第三方治理机制，鼓励电力、化工、钢铁、采矿、纺织、造纸、畜禽养殖等行业企业将环境治理业务剥离并交由第三方治理。做好环境污染第三方治理试点评估，总结推广有效模式，研究解决制约问题。

（三）环境监测和咨询服务

引导社会环境监测机构参与污染源监测、环境损害评估监测、环境影响评价监测等环境监测活动，推进环境监测服务主体多元化和服务方式多样化。对公共环境监测数据，逐步推行以政府购买服务的方式取得，有序放开环境质量自动监测站、污染源自动监测设施的建设运行维护等公益性、监督性监（检）测业务，有序发展固体废物和危险废物鉴别、化学品环境危害特别测试等中介服务。提高社会环境监测从业人员的业务素质，评估社会环境监测机构的业务水平，促进环境监测服务水平的不断提升。强化对社会环境监测机构事中和事后监管，逐步纳入执法监管体系，推动环境监测服务社会化工作的制度化、体系化、规范化，形成以环保系统环境监测机构为骨干、社会环境监测力量共同参与的环境监测管理新体制。推动环境调查、环境风险评价、环境规划、环境影响评价、环境监理等环境咨询服务水平提高。

（四）资源循环利用服务

利用"互联网+"技术，探索建立再生资源交易平台，支持回收行业建设线上线下融合的回收网络，推广"互联网+回收"新模式。建设兼具垃圾分类与再生资源回收功能的交投点，推进垃圾收运系统与再生资源回收系统衔接，推动"两网融合"。推进机械装备包装标准化，探索建立逆向物流体系，提高包装物的回用率和资源化率。鼓励选矿单位与尾矿资源化利用企业加强合作，开展尾矿库专业化委托管理服务，建立尾矿管理与综合利用相衔接的治理模式。推广秸秆的第三方收贮运模式，提高农林剩余物回收率，促进高值化利用。

五、培育壮大市场主体

以节能环保企业为重点，以产业园区为依托，以第三方机构为有益补充，推动市场主体形成良性互动、协同发展的共生关系，培育节能环保产业的生力军。

（一）促进各类型企业协调发展

加强龙头企业的骨干作用，打造综合实力强、管理水平先进、具有市场带动能力的龙头企业和产业集团。引导中小企业差异化、专业化、精细化发展，形成一批拥有自主知识产权和专业化服务能力的专精特新企业。大力推进节能环保领域的"大众创业、万众创新"，鼓励掌握核心技术的研发人员自主创业，加快科技成果转化。研究科技型新企业条件和标准，落实普惠性政策，支持节能环保高新技术企业发展。发挥国有企业技术和管理优势，提高国有资本的整体功能和效率。充分激发民营企业在节能环保领域的创新活力，引导民营资本参与环境治理和生态保护项目建设，在 PPP 项目中不得以任何形式设置对民营企业的歧视性条款。鼓励在项目层面开展混合所有制合作，促进国有资本和民营资本协同发展。

（二）加快产业集聚区提质增效

优化升级现有节能环保产业园区和集聚区，创新政府引导产业集聚方式，由招商引资向引资、引智、引技转变，以管理体制机制改革激发市场活力。在充分考虑地方资源特点和产业发展的基础上，布局培育一批创新优势突出、区域特色明显、规模效益显著的产业集聚区，创建以节能环保产业为主导的国家基础创新中心。整合集聚区内创新资源，推动创新资源和成果开放共享，提升集聚区整体创新能力，使集聚区成为产业创新的新载体。促进集聚区内产业链关联企业的协同发展，通过深化分工降低生产和交易成本，发挥集聚效应和带动作用，提高整体竞争优势。避免对市场行为的过度干预，防止园区重复建设。

（三）发挥第三方机构催化作用

发挥产业协会和产业联盟等产业组织对节能环保产业的催化作用，在政府与行业、企业之间建立起桥梁和纽带。支持产业协会建立节能环保网络小组，加强业内企业间的互动互助，建立节能环保企业统计信息报送平台，开展产业发展动态监测，强化数据采集处理，提高产业数据统计能力和分析能力。及时向政府及其相关部门反映行业诉求，维护行业整体利益，协助政府完成节能环保产业调查、技术遴选认证、行业标准和技术目录制修订等工作。通过组织技术装备展览、技术交流和供需对接等活动，促进国内外节能环保产业技术和项目信息的交流合作。推动建设专业化节能环保众创空间、面向市场和产业的科技创新中心，完善技术转移转化机制。加强行业自律和同业监管，建立完善行业内自律性管理制度。

六、激发节能环保市场需求

以实施节能环保和资源循环利用重大工程、推广绿色产品、培育绿色消费习惯等方式，有力刺激市场对节能环保产品和服务的需求，全面扩展产业发展空间。

（一）强化重大工程需求牵引

通过实施节能环保重点工程，有力激发市场对节能环保技术、装备、产品及服务的需求。以燃煤锅炉、电机系统、照明产品等通用设备为重点，大力推动节能装备升级改造；开展工业能效赶超行动，推动钢铁、有色、石化、建材等高耗能行业工艺革新，实施系统节能改造，鼓励先进节能技术的集成优化运用，进一步加强能源管控中心建设。推动环境基础设施建设，推进工业污染源全面达标排放、水气土领域环境治理、危险废物防治等环保重大工程，扩大环保产业有效需求。推进国家级和省级园区循环化改造，推动大宗废弃物和新型废弃物的综合利用，发展再制造技术和产业，提高城市低值废弃物资源化水平。坚决淘汰落后产能，严防落后产能向中西部地区转移；积极稳妥化解过剩产能，强化资源、能源、环保等硬约束，强化行业规范和准入管理。

（二）完善绿色产品推广机制

健全绿色产品和服务的标准体系，扩大标准覆盖范围，加快制修订产品生产过程的能耗、水耗、物耗以及终端产品全生命周期的能效、水效和环境标志等标准。建立统一的绿色产品认证、标识等体系，逐步将目前分头设立的环保、节能、节水、循环、低碳、再生、有机等产品统一整合为绿色产品，加强绿色产品全生命周期计量测试、质量检测和监管。鼓励认证机构对所认证的绿色产品提供担保并承担连带责任。组织实施能效、水效、环保领跑者行动，推动实施企业产品标准自我声明和监督制度。实施高效节能产品推广量倍增行动、绿色建材生产和应用行动计划，大幅提高节能家电、绿色建材、再生产品、环境标志产品等绿色产品的市场占有率。全面推行绿色办公，严格落实政府对绿色产品的优先采购和强制采购制度，适时调整政府绿色采购的范围和标准，及时发布政府采购绿色产品清单。

（三）着力培育绿色消费文化

开展全民绿色消费教育，把绿色消费纳入全国节能宣传周、全国城市节水宣传周、科普活动周、全国低碳日、环境日等主题宣传活动，利用报纸、广播、电视、互联网等多种形式引导消费者主动选择和消费绿色产品。深入实施节能减排全民行动、节俭养德全民节约行动。同时，鼓励企业实行绿色产品的规模化生产和经营，进一步降低成本，促进公众消费。完善居民社区再生资源回收体系。倡导绿色生活方式，探索建立绿色积分制度，鼓励居民通过购买绿色产品、垃圾分类、绿色出行等方式积分，用于购买商品或服务。

七、规范优化市场环境

发挥市场的决定性作用，加强规范引导，拓展市场空间，建立统一开放、竞争充分、规范有序的市场体系，营造有利于产业提质增效的市场生境。

（一）加强法规标准建设

严格落实《节约能源法》、《环境保护法》、《循环经济促进法》等节能环保法律，研究制定碳排放权交易管理条例，完善相关配套法规，坚决查处严重浪费能源资源、污染环境的违法行为，加大处罚力度。推进环境保护督察，对地方政府及其有关部门履行环境保护工作职责的情况开展全面的监督检查，落实生态环境损害责任终身追究制。实施随机抽查和专项督查相结合的监督制度，加强对工业、建筑、公共机构等重点耗能单位监察和对污染源的监管执法。加强信息公开，依法公开重点用能单位节能目标责任考核和国家重点监控企业污染源监测结果，鼓励公众监督企业环境行为。建立健全节能环保标准体系，加快制修订一批强制性能效标准、能耗限额标准和污染物排放标准，提高产品标准中的节能环保技术要求；加强与节能环保相关的国家、地方、行业和企业标准的相互协调。打击假冒节能环保产品的生产、流通和销售，加大家电产品能效审查和能效标识产品的专项检查力度，整顿家电市场能效虚标行为。

（二）简政放权优化服务

深入推进简政放权，优化简化节能环保项目行政事项审批流程，推进节能环保项目行政审批标准、项目核准条件等信息公开，鼓励各级政府建立节能环保项目绿色审批通道。优化创新创业服务，深入推进商事制度改革，为节能环保投资创业提供更便捷的条件；落实对节能环保小微企业的优惠扶持政策，在就业培训、创业辅导等方面给予支持，帮扶小微企业规避初创期风险。强化对节能环保项目的环境绩效管理，减少政府对项目技术方案、技术路线等的干预。对农村生活污水、生活垃圾处理项目，加强规划可行性论证，简化项目环评审批，规范工程验收，对位于环境敏感区的定期开展环境监督性监测。

（三）统一规范市场秩序

清理废除地方自行制定的影响统一市场形成的限制性规定，严肃查处设立不合理招投标条件等行为，加快放开垄断行业竞争性环节，建立申诉渠道和复议机制。探索改革环境基础设施建设招投标机制，建立质量优先的评标原则，大幅增加技术标权重；定期公布重大环境基础设施项目中标价格，加强对明显低于市场平均价格项目的运营监管，严防恶性低价竞争。加强信用体系建设，建立严重违法失信的市场主体的信用记录，纳入全国信用信息共享平台，依法公示企业环境行政许可、行政处罚等信息，实施跨部门联合惩戒；强化纠纷处理，建立节能环保纠纷快速解决机制。在城镇化过程中对环境基础设施建设要优先布局、优先建设，严格落实环评要求，做好环保知识的宣传普及，稳妥解决"邻避"问题。

八、完善落实保障措施

加强财税价格金融等政策的引导支持，依托国家重大对外战略拓展国际合作，培育高素质人才队伍，为产业发展提供有力保障。

（一）加大财税和价格政策支持

继续利用中央预算内投资对节能环保产业给予支持，鼓励地方政府安排财政专项资金支持和引导节能环保产业发展。落实节能环保产业税收优惠政策，修订完善节能节水、环境保护专用设备企业所得税优惠目录，落实资源综合利用产品的增值税优惠政策。做好环境保护税立法和实施工作。推进资源性产品价格改革，落实差别电价、惩罚性电价和阶梯电价政策；适时完善环保电价政策，探索建立污水处理服务费用与污水处理效果挂钩调整机制。

(二) 发展绿色金融

建立健全绿色金融体系，推动节能环保产业与绿色金融的深度融合。大力发展绿色信贷，完善绿色信贷统计制度，鼓励银行设立绿色信贷专项额度，支持有条件的银行探索绿色金融专业化经营。鼓励银行业金融机构将碳排放权、排污权、合同能源管理未来收益、特许经营收费权等纳入贷款质押担保物范围，推广融资租赁等新型融资方式。强化直接融资，支持绿色债券规范有序发展，鼓励符合条件企业发行绿色债券，通过债券市场筹措节能环保项目建设资金。引导和支持社会资本建立绿色发展基金，投资节能环保产业。支持社会资本以 PPP 和第三方服务等模式投入资源循环利用产业。探索发展绿色保险，研究开发针对合同能源管理、环境污染第三方治理等的保险产品，在环境高风险领域建立环境污染强制责任保险制度。支持信用担保机构、绿色发展基金对资质好、管理规范的中小型节能环保企业融资提供担保服务。

(三) 加强国际合作

推进节能环保产品和服务"走出去"，拓展一体化水处理装备、高效电机、高效锅炉、除尘脱硫设施等先进节能环保装备的国际市场，促进绿色产品出口；依托"一带一路"建设、国际产能合作，鼓励节能环保企业境外工程承包和劳务输出，提供优质高效的纯低温余热发电、污染治理、垃圾焚烧发电、生态修复、环境影响评价等服务。实施绿色援助，在受援国开展节能环保工程示范和能力建设，支持环境基础设施建设，帮助受援国改善生态环境，同时形成对我国节能环保产业"走出去"的有力带动。实施高水平"引进来"，积极引进境外节能环保产业投资、先进技术、管理理念和商业模式，鼓励外资投向节能环保高端装备制造、节能环保技术创新，支持设立研发中心。积极参与国际节能环保标准制修订，加强重点领域节能环保标准与国际标准接轨，推动与主要贸易国建立节能环保标准互认机制。加强与发达国家节能环保产业合作，共同开拓第三方市场。

（四）夯实人才基础

围绕节能环保产业发展需要，在创新人才推进计划、青年英才开发计划、"千人计划""万人计划"提升工程等重大人才工程中，加大对节能环保人才的培养和引进，培育一批突破关键技术、引领学科发展、带动产业转型的领军人才。发挥大学和科研机构在培养优秀创新人才方面的作用，鼓励高校根据市场需求设置节能环保产业相关学科专业，做好课程设计，形成一批具有国际影响的科学研究基地和人才培养基地。加强多元化培训，提升经营管理人才在金融、法律、企业管理等方面的综合能力，提高节能环保企业管理水平。强化产业技术工人专业技能培训。加强节能监察、环保执法队伍能力建设，提高人员业务素质。

九、组织实施

发改、环保、工信、科技、财政、住建、水利等部门要加强规划落实的统筹协调，依据职能完善细化各项政策措施，适时开展规划执行情况评估。开展节能环保产业调查统计工作，做好节能环保产业发展形势分析，加强苗头性、倾向性、潜在性问题研究，及时解决产业发展中出现的突出问题。各地区要充分认识发展节能环保产业对于培育发展新动能、提升绿色竞争力的重要意义，创新方式方法，因地制宜地制订本地区的实施方案，加大对节能环保产业发展的扶持力度，规范市场秩序，推动节能环保产业做大做强，为建设生态文明和美丽中国提供坚实的产业保障。

工业和信息化部关于加强"十三五"信息通信业节能减排工作的指导意见

工信部节〔2017〕77号

各省、自治区、直辖市及计划单列市、新疆生产建设兵团工业和信息化主管部门，各省、自治区、直辖市通信管理局，中国通信企业协会，中国电信集团公司、中国移动通信集团公司、中国联合网络通信集团有限公司，中国铁塔股份有限公司，相关单位：

为贯彻落实《信息通信行业发展规划（2016—2020年）》（工信部规〔2016〕424号），引导和推进"十三五"信息通信业节能减排工作，提出如下意见：

一、充分认识信息通信业节能减排的重要性

"十二五"期间，信息通信业按照国家节能减排总体部署，深入推进节能减排技术进步和科技创新，深化节能减排管理体系建设，大力推进节能减排新技术应用，积极开展老旧高耗能设备退网，深入实施电信基础设施共建共享，着力推动国家绿色数据中心试点建设，深入推进网络光纤化改造，推动构建绿色信息通信网络。新建大型数据中心的能耗效率（PUE）值普遍低于1.5，单位电信业务总量综合能耗从2010年的52.1千克标准煤/万元下降到2015年的31.5千克标准煤/万元，累计下降39.7%，提前并超额完成了"十二五"节能减排目标，节能减排工作取得显著成效。

"十三五"是建设网络强国、构建新一代信息基础设施的关键期，《信息通信行业发展规划（2016—2020年）》提出"十三五"行业内节能技术广泛应用，高耗能网络设备大规模减少，形成完善的绿色评价体系和机制，达到与生态文明建设相适应的行业绿色发展水平。这些都对信息通信业的绿色发展提出了更高要求。提升绿色化水平是推动信息通信网络发展的必然途径，全行业必须充分认识开展节能减排的重要性和紧迫性，加大科技创新和研发力度，大力推进节能减排工作，为国家生态文明建设做出积极贡献。

二、总体要求

（一）指导思想

全面贯彻落实党的十八大和十八届三中、四中、五中、六中全会精神，牢固树立和贯彻落实创新、协调、绿色、开放、共享的发展理念，着力推进供给侧结构性改革，以信息化应用促进全社会节能减排为重点，以提升信息通信业资源能源利用效率为主线，以绿色科技创新为支撑，以政策法规标准制度建设为保障，大力推进信息通信产业升级，建立健全信息通信业绿色发展长效机制，走高效、清洁、低碳、循环的绿色发展道路，促进行业健康和可持续发展。

（二）基本原则

——坚持政策引导与市场推动相结合。通过加强政策引导，发挥市场配置资源的决定性作用，以企业为主体，推动信息通信业节能减排工作迈上新台阶。

——坚持协调发展与融合共享相结合。大力推进三网融合发展，创新合作模式，做好现网升级改造的统筹规划，促进 3G/4G/5G 及无线宽带网络协调发展，推进能源管理信息化建设，推动实现网络资源高效利用。

——坚持过程节能与产品节能相结合。强化新建工程的设计、建设、运维等全生命周期过程的节能管理，推广高效节能技术产品，提升信息通信业整体能效水平。

（三）主要目标

到 2020 年，信息通信网络全面应用节能减排技术，高能耗老旧通信设备基本淘汰；电信基础设施共建共享全面推进；通信业能耗基本可比国际先进水平，实现单位电信业务总量综合能耗较 2015 年底下降 10%；新建大型、超大型数据中心的能耗效率（PUE）值达到 1.4 以下；新能源和可再生能源应用比例大幅提升。

三、重点任务

（一）以信息通信技术应用带动全社会节能减排

通过促进"互联网+"、共享经济发展推动传统行业转型升级，推动能源管理信息化系统在重点行业中的应用，对企业能源输配和消耗情况实施动态监测、控制和优化管理，不断加强企业对能源的平衡、调度、分析和预测能力，实现企业用能的精细化和数字化管理。

（二）加强行业节能减排技术创新推广

1. 创新推广绿色网络技术。全面推进信息通信业节能减排改造及技术创新，强化技术节能，积极构建先进绿色网络。新建通信网络全面采用节能减排新技术和设备，推进通信网络结构性和系统性节能减排创新；积极推进现网老旧高耗能传统设备退网，加快传统交换设备和高耗能设备的升级改造；加快电信用户向光纤网络迁移，深入推进光网城市建设。

2. 创新推广绿色数据中心技术。推广绿色智能服务器、自然冷源、余热利用、分布式供能等先进技术和产品的应用，以及现有老旧数据中心节能改造典型应用，加快绿色数据中心建设；认真执行绿色数据中心相关标准，优化机房的油机配备、冷热气流布局，从机房建设、主设备选型等方面进一步降低能耗。

3. 创新推广云计算等新一代信息节能技术。鼓励互联网企业开放平台资源，加强行业云服务平台建设，支持行业信息系统向云平台迁移。加速软件定义网络（SDN）/网络功能虚拟化（NFV）技术在信息通信网络结构优化升级中的应用，提升网络资源的利用率，降低运营成本。加强信息系统（IT）服务器的节能管理，通过资源虚拟化、云化等科技手段提高服务器资源利用率。

4. 创新推广能源高效利用和新能源技术。推进电力能源高效使用，推广高压直流供电和高效模块化不间断电源等节能技术和设备，提高风能、太阳能、新型蓄电池等新能源占比。

（三）积极推进行业结构性节能减排

1. 深化基础资源共建共享。做好城市通信基础设施专项规划编制工作，加大电信管道、杆路、铁塔、基站机房、光缆、住宅小区电信设施的共建共享力度，实现电信基础设施集约建设；扩展基础设施共建共享的深度和广度，探索跨行业的共建共享，扩大共建共享带来的节能效应。

2. 推动绿色供应链建设。积极推动行业设备研发、制造、运输、回收等全生命周期节能减排，加快构建信息通信业供应链绿色标准体系，提高节能、节水、节地、节材指标及计量要求。加强联合研发，共同推动无线、信息系统和传输网等设备降低功耗，推广绿色包装应用，加强废旧设备管理，不断完善对信息通信废弃设备的回收管理，减少对环境的影响，推动绿色循环发展。

（四）推动企业节能减排管理体系与平台建设

1. 加强企业节能减排管理制度建设。推动信息通信行业企业逐步完善节能减排目标责任制，逐级落实节能减排目标、责任单位和责任人，健全节能减排各项规章制度，完善节能减排组织管理体系、能耗统计体系、绩效考核管理体系等。

2. 深化节能减排统计监测平台建设。运用物联网、大数据、云计算技术，对信息通信行业企业能源消耗情况实施动态监测、控制和优化管理，提高分析、预测和平衡调度能力，实现节能减排的精准化管控。

（五）完善行业节能减排政策标准体系建设

进一步完善信息通信设备节能分级标准及绿色数据中心相关标准，充分发挥标准的引导和约束作用，加快构建信息通信业绿色供应链，有效支撑行业节能减排工作。

（六）探索与创新市场推动机制

1. 建立健全第三方节能服务机制。创新合同能源管理，健全利益分享机制，推广能源费用托管、节能量保证、节能设备租赁等商业模式，满足用能单位的个性化需求。充分发挥第三方服务机构的作用，为企业提供检测、认证、培训等服务，为节能减排新技术、新政策、新标准的研究制定和应用建言献策，共同推进节能减排工作。

2. 建立健全节能金融服务模式。加强产融衔接，探索建立绿色信贷、绿色债券、绿色产业基金支持信息通信业节能减排项目建设的服务模式，推动企业落实节能减排技术改造和新技术新产品推广，实现行业绿色发展。

四、保障措施

（一）加强行业指导与监管

积极开展信息通信业节能减排政策、标准、规范的研究制定工作，编制信息通信业节能减排新技术指导目录及老旧高耗能通信设备淘汰指导目录，提升行业重点环节、重点领域节能减排工作。

（二）加大政策支持力度

加大工业转型升级、节能减排等专项财政资金对信息通信行业节能减排的支持力度。落实节能减排税收优惠和政府采购政策，加快绿色产品的推广应用。鼓励金融机构为信息通信业企业节能减排项目提供便捷、优惠的担保服务和信贷支持。

（三）强化企业主体责任

基础电信企业应进一步加强节能减排管理，健全企业节能减排相关制度。鼓励互联网企业落实节能减排责任，针对数据中心、云计算平台、内容分发网络（CDN）设施等高耗能环节开展技术创新和推广工作。各单位应积极落实相关法律法规，执行节能减排相关标准，定期开展节能教育及岗位培训。

（四）加强宣传交流

充分利用基础电信企业和互联网企业信息平台优势，运用多种渠道开展节能减排宣传，发挥好引导作用。持续提升行业人员对节能减排工作的认识，营造行业节能减排氛围。积极开展国际合作和交流，借鉴国外先进经验和做法，创新工作思路，不断提高行业节能减排水平。

工业和信息化部

2017 年 4 月 19 日

民用建筑节能条例

中华人民共和国国务院令

第 530 号

《民用建筑节能条例》已经 2008 年 7 月 23 日国务院第 18 次常务会议通过，现予公布，自 2008 年 10 月 1 日起施行。

总理　温家宝

二〇〇八年八月一日

第一章　总　　则

第一条　为了加强民用建筑节能管理，降低民用建筑使用过程中的能源消耗，提高能源利用效率，制定本条例。

第二条 本条例所称民用建筑节能，是指在保证民用建筑使用功能和室内热环境质量的前提下，降低其使用过程中能源消耗的活动。

本条例所称民用建筑，是指居住建筑、国家机关办公建筑和商业、服务业、教育、卫生等其他公共建筑。

第三条 各级人民政府应当加强对民用建筑节能工作的领导，积极培育民用建筑节能服务市场，健全民用建筑节能服务体系，推动民用建筑节能技术的开发应用，做好民用建筑节能知识的宣传教育工作。

第四条 国家鼓励和扶持在新建建筑和既有建筑节能改造中采用太阳能、地热能等可再生能源。

在具备太阳能利用条件的地区，有关地方人民政府及其部门应当采取有效措施，鼓励和扶持单位、个人安装使用太阳能热水系统、照明系统、供热系统、采暖制冷系统等太阳能利用系统。

第五条 国务院建设主管部门负责全国民用建筑节能的监督管理工作。县级以上地方人民政府建设主管部门负责本行政区域民用建筑节能的监督管理工作。

县级以上人民政府有关部门应当依照本条例的规定以及本级人民政府规定的职责分工，负责民用建筑节能的有关工作。

第六条 国务院建设主管部门应当在国家节能中长期专项规划指导下，编制全国民用建筑节能规划，并与相关规划相衔接。

县级以上地方人民政府建设主管部门应当组织编制本行政区域的民用建筑节能规划，报本级人民政府批准后实施。

第七条 国家建立健全民用建筑节能标准体系。国家民用建筑节能标准由国务院建设主管部门负责组织制定，并依照法定程序发布。

国家鼓励制定、采用优于国家民用建筑节能标准的地方民用建筑节能标准。

第八条 县级以上人民政府应当安排民用建筑节能资金，用于支持民用建筑节能的科学技术研究和标准制定、既有建筑围护结构和供热系统的节能改造、可再生能源的应用，以及民用建筑节能示范工程、节能项目的推广。

政府引导金融机构对既有建筑节能改造、可再生能源的应用，以及民用建筑节能示范工程等项目提供支持。

民用建筑节能项目依法享受税收优惠。

第九条 国家积极推进供热体制改革，完善供热价格形成机制，鼓励发展集中供热，逐步实行按照用热量收费制度。

第十条 对在民用建筑节能工作中做出显著成绩的单位和个人，按照国家有关规定给予表彰和奖励。

第二章　新建建筑节能

第十一条 国家推广使用民用建筑节能的新技术、新工艺、新材料和新设备，限制使用或者禁止使用能源消耗高的技术、工艺、材料和设备。国务院节能工作主管部门、建设主管部门应当制定、公布并及时更新推广使用、限制使用、禁止使用目录。

国家限制进口或者禁止进口能源消耗高的技术、材料和设备。

建设单位、设计单位、施工单位不得在建筑活动中使用列入禁止使用目录的技术、工艺、材料和设备。

第十二条 编制城市详细规划、镇详细规划，应当按照民用建筑节能的要求，确定建筑的布局、形状和朝向。

城乡规划主管部门依法对民用建筑进行规划审查，应当就设计方案是否符合民用建筑节能强制性标准征求同级建设主管部门的意见；建设主管部门应当自收到征求意见材料之日起 10 日内提出意见。征求意见时间不计算在规划许可的期限内。

对不符合民用建筑节能强制性标准的，不得颁发建设工程规划许可证。

第十三条 施工图设计文件审查机构应当按照民用建筑节能强制性标准对施工图设计文件进行审查；经审查不符合民用建筑节能强制性标准的，县级以上地方人民政府建设主管部门不得颁发施工许可证。

第十四条 建设单位不得明示或者暗示设计单位、施工单位违反民用建筑节能强制性标准进行设计、施工，不得明示或者暗示施工单位使用不符合施工图设计文件要求的墙体材料、保温材料、门窗、采暖制冷系统和照明设备。

按照合同约定由建设单位采购墙体材料、保温材料、门窗、采暖制冷系统和照明设备的，建设单位应当保证其符合施工图设计文件要求。

第十五条 设计单位、施工单位、工程监理单位及其注册执业人员，应当按照民用建筑节能强制性标准进行设计、施工、监理。

第十六条 施工单位应当对进入施工现场的墙体材料、保温材料、门窗、采暖制冷系统和照明设备进行查验；不符合施工图设计文件要求的，不得使用。

工程监理单位发现施工单位不按照民用建筑节能强制性标准施工的，应当要求施工单位改正；施工单位拒不改正的，工程监理单位应当及时报告建设单位，并向有关主管部门报告。

墙体、屋面的保温工程施工时，监理工程师应当按照工程监理规范的要求，采取旁站、巡视和平行检验等形式实施监理。

未经监理工程师签字，墙体材料、保温材料、门窗、采暖制冷系统和照明设备不得在建筑上使用或者安装，施工单位不得进行下一道工序的施工。

第十七条 建设单位组织竣工验收，应当对民用建筑是否符合民用建筑节能强制性标准进行查验；对不符合民用建筑节能强制性标准的，不得出具竣工验收合格报告。

第十八条 实行集中供热的建筑应当安装供热系统调控装置、用热计量装置和室内温度调控装置；公共建筑还应当安装用电分项计量装置。居住建筑安装的用热计量装置应当满足分户计量的要求。

计量装置应当依法检定合格。

第十九条 建筑的公共走廊、楼梯等部位，应当安装、使用节能灯具和电气控制装置。

第二十条 对具备可再生能源利用条件的建筑，建设单位应当选择合适的可再生能源，用于采暖、制冷、照明和热水供应等；设计单位应当按照有关可再生能源利用的标准进行设计。

建设可再生能源利用设施，应当与建筑主体工程同步设计、同步施工、同步验收。

第二十一条 国家机关办公建筑和大型公共建筑的所有权人应当对建筑的能源利用效率进行测评和标识，并按照国家有关规定将测评结果予以公示，接受社会监督。

国家机关办公建筑应当安装、使用节能设备。

本条例所称大型公共建筑，是指单体建筑面积2万平方米以上的公共建筑。

第二十二条 房地产开发企业销售商品房，应当向购买人明示所售商品房的能源消耗指标、节能措施和保护要求、保温工程保修期等信息，并在商品房买卖合同和住宅质量保证书、住宅使用说明书中载明。

第二十三条 在正常使用条件下，保温工程的最低保修期限为5年。保温工程的保修期，自竣工验收合格之日起计算。

保温工程在保修范围和保修期内发生质量问题的，施工单位应当履行保修义务，并对造成的损失依法承担赔偿责任。

第三章　既有建筑节能

第二十四条　既有建筑节能改造应当根据当地经济、社会发展水平和地理气候条件等实际情况，有计划、分步骤地实施分类改造。

本条例所称既有建筑节能改造，是指对不符合民用建筑节能强制性标准的既有建筑的围护结构、供热系统、采暖制冷系统、照明设备和热水供应设施等实施节能改造的活动。

第二十五条　县级以上地方人民政府建设主管部门应当对本行政区域内既有建筑的建设年代、结构形式、用能系统、能源消耗指标、寿命周期等组织调查统计和分析，制定既有建筑节能改造计划，明确节能改造的目标、范围和要求，报本级人民政府批准后组织实施。

中央国家机关既有建筑的节能改造，由有关管理机关事务工作的机构制定节能改造计划，并组织实施。

第二十六条　国家机关办公建筑、政府投资和以政府投资为主的公共建筑的节能改造，应当制定节能改造方案，经充分论证，并按照国家有关规定办理相关审批手续方可进行。

各级人民政府及其有关部门、单位不得违反国家有关规定和标准，以节能改造的名义对前款规定的既有建筑进行扩建、改建。

第二十七条　居住建筑和本条例第二十六条规定以外的其他公共建筑不符合民用建筑节能强制性标准的，在尊重建筑所有权人意愿的基础上，可以结合扩建、改建，逐步实施节能改造。

第二十八条 实施既有建筑节能改造，应当符合民用建筑节能强制性标准，优先采用遮阳、改善通风等低成本改造措施。

既有建筑围护结构的改造和供热系统的改造，应当同步进行。

第二十九条 对实行集中供热的建筑进行节能改造，应当安装供热系统调控装置和用热计量装置；对公共建筑进行节能改造，还应当安装室内温度调控装置和用电分项计量装置。

第三十条 国家机关办公建筑的节能改造费用，由县级以上人民政府纳入本级财政预算。

居住建筑和教育、科学、文化、卫生、体育等公益事业使用的公共建筑节能改造费用，由政府、建筑所有权人共同负担。

国家鼓励社会资金投资既有建筑节能改造。

第四章　建筑用能系统运行节能

第三十一条 建筑所有权人或者使用权人应当保证建筑用能系统的正常运行，不得人为损坏建筑围护结构和用能系统。

国家机关办公建筑和大型公共建筑的所有权人或者使用权人应当建立健全民用建筑节能管理制度和操作规程，对建筑用能系统进行监测、维护，并定期将分项用电量报县级以上地方人民政府建设主管部门。

第三十二条　县级以上地方人民政府节能工作主管部门应当会同同级建设主管部门确定本行政区域内公共建筑重点用电单位及其年度用电限额。

县级以上地方人民政府建设主管部门应当对本行政区域内国家机关办公建筑和公共建筑用电情况进行调查统计和评价分析。国家机关办公建筑和大型公共建筑采暖、制冷、照明的能源消耗情况应当依照法律、行政法规和国家其他有关规定向社会公布。

国家机关办公建筑和公共建筑的所有权人或者使用权人应当对县级以上地方人民政府建设主管部门的调查统计工作予以配合。

第三十三条　供热单位应当建立健全相关制度，加强对专业技术人员的教育和培训。

供热单位应当改进技术装备，实施计量管理，并对供热系统进行监测、维护，提高供热系统的效率，保证供热系统的运行符合民用建筑节能强制性标准。

第三十四条　县级以上地方人民政府建设主管部门应当对本行政区域内供热单位的能源消耗情况进行调查统计和分析，并制定供热单位能源消耗指标；对超过能源消耗指标的，应当要求供热单位制定相应的改进措施，并监督实施。

第五章　法律责任

第三十五条　违反本条例规定，县级以上人民政府有关部门有下列行为之一的，对负有责任的主管人员和其他直接责任人员依法给予处分；构成犯罪的，依法追究刑事责任：

（一）对设计方案不符合民用建筑节能强制性标准的民用建筑项目颁发建设工程规划许可证的；

（二）对不符合民用建筑节能强制性标准的设计方案出具合格意见的；

（三）对施工图设计文件不符合民用建筑节能强制性标准的民用建筑项目颁发施工许可证的；

（四）不依法履行监督管理职责的其他行为。

第三十六条 违反本条例规定，各级人民政府及其有关部门、单位违反国家有关规定和标准，以节能改造的名义对既有建筑进行扩建、改建的，对负有责任的主管人员和其他直接责任人员，依法给予处分。

第三十七条 违反本条例规定，建设单位有下列行为之一的，由县级以上地方人民政府建设主管部门责令改正，处20万元以上50万元以下的罚款：

（一）明示或者暗示设计单位、施工单位违反民用建筑节能强制性标准进行设计、施工的；

（二）明示或者暗示施工单位使用不符合施工图设计文件要求的墙体材料、保温材料、门窗、采暖制冷系统和照明设备的；

（三）采购不符合施工图设计文件要求的墙体材料、保温材料、门窗、采暖制冷系统和照明设备的；

（四）使用列入禁止使用目录的技术、工艺、材料和设备的。

第三十八条　违反本条例规定，建设单位对不符合民用建筑节能强制性标准的民用建筑项目出具竣工验收合格报告的，由县级以上地方人民政府建设主管部门责令改正，处民用建筑项目合同价款2%以上4%以下的罚款；造成损失的，依法承担赔偿责任。

第三十九条　违反本条例规定，设计单位未按照民用建筑节能强制性标准进行设计，或者使用列入禁止使用目录的技术、工艺、材料和设备的，由县级以上地方人民政府建设主管部门责令改正，处10万元以上30万元以下的罚款；情节严重的，由颁发资质证书的部门责令停业整顿，降低资质等级或者吊销资质证书；造成损失的，依法承担赔偿责任。

第四十条　违反本条例规定，施工单位未按照民用建筑节能强制性标准进行施工的，由县级以上地方人民政府建设主管部门责令改正，处民用建筑项目合同价款2%以上4%以下的罚款；情节严重的，由颁发资质证书的部门责令停业整顿，降低资质等级或者吊销资质证书；造成损失的，依法承担赔偿责任。

第四十一条　违反本条例规定，施工单位有下列行为之一的，由县级以上地方人民政府建设主管部门责令改正，处10万元以上20万元以下的罚款；情节严重的，由颁发资质证书的部门责令停业整顿，降低资质等级或者吊销资质证书；造成损失的，依法承担赔偿责任：

（一）未对进入施工现场的墙体材料、保温材料、门窗、采暖制冷系统和照明设备进行查验的；

（二）使用不符合施工图设计文件要求的墙体材料、保温材料、门窗、采暖制冷系统和照明设备的；

（三）使用列入禁止使用目录的技术、工艺、材料和设备的。

第四十二条 违反本条例规定，工程监理单位有下列行为之一的，由县级以上地方人民政府建设主管部门责令限期改正；逾期未改正的，处 10 万元以上 30 万元以下的罚款；情节严重的，由颁发资质证书的部门责令停业整顿，降低资质等级或者吊销资质证书；造成损失的，依法承担赔偿责任：

（一）未按照民用建筑节能强制性标准实施监理的；

（二）墙体、屋面的保温工程施工时，未采取旁站、巡视和平行检验等形式实施监理的。

对不符合施工图设计文件要求的墙体材料、保温材料、门窗、采暖制冷系统和照明设备，按照符合施工图设计文件要求签字的，依照《建设工程质量管理条例》第六十七条的规定处罚。

第四十三条 违反本条例规定，房地产开发企业销售商品房，未向购买人明示所售商品房的能源消耗指标、节能措施和保护要求、保温工程保修期等信息，或者向购买人明示的所售商品房能源消耗指标与实际能源消耗不符的，依法承担民事责任；由县级以上地方人民政府建设主管部门责令限期改正；逾期未改正的，处交付使用的房屋销售总额 2% 以下的罚款；情节严重的，由颁发资质证书的部门降低资质等级或者吊销资质证书。

第四十四条 违反本条例规定，注册执业人员未执行民用建筑节能强制性标准的，由县级以上人民政府建设主管部门责令停止执业 3 个月以上 1 年以下；情节严重的，由颁发资格证书的部门吊销执业资格证书，5 年内不予注册。

第六章 附 则

第四十五条 本条例自 2008 年 10 月 1 日起施行。

附　录

民用建筑工程节能质量监督管理办法

关于印发《民用建筑工程节能质量
监督管理办法》的通知
建质〔2006〕192号

各省、自治区建设厅，直辖市建委（建设交通委），北京市规划委，新疆生产建设兵团建设局：

　　为进一步做好民用建筑工程节能质量的监督管理工作，保证建筑节能法律法规和技术标准的贯彻落实，我部制定了《民用建筑工程节能质量监督管理办法》，现印发给你们，请认真执行。

中华人民共和国建设部

二〇〇六年七月三十一日

　　第一条　为了加强民用建筑工程节能质量的监督管理，保证民用建筑工程符合建筑节能标准，根据《建设工程质量管理条例》、《建设工程勘察设计管理条例》、《实施工程建设强制性标准监督规定》、《民用建筑节能管理规定》、《房屋建筑和市政基础设施工程施工图设计文件审查管理办法》、《建设工程质量检测管理办法》等有关法规规章，制定本办法。

第二条　凡在中华人民共和国境内从事民用建筑工程的新建、改建、扩建等有关活动及对民用建筑工程质量实施监督管理的，必须遵守本办法。

本办法所称民用建筑，是指居住建筑和公共建筑。

第三条　建设单位、设计单位、施工单位、监理单位、施工图审查机构、工程质量检测机构等单位，应当遵守国家有关建筑节能的法律法规和技术标准，履行合同约定义务，并依法对民用建筑工程节能质量负责。

各地建设主管部门及其委托的工程质量监督机构依法实施建筑节能质量监督管理。

第四条　建设单位应当履行以下质量责任和义务：

1. 组织设计方案评选时，应当将建筑节能要求作为重要内容之一。

2. 不得擅自修改设计文件。当建筑设计修改涉及建筑节能强制性标准时，必须将修改后的设计文件送原施工图审查机构重新审查。

3. 不得明示或者暗示设计单位、施工单位降低建筑节能标准。

4. 不得明示或者暗示施工单位使用不符合建筑节能性能要求的墙体材料、保温材料、门窗部品、采暖空调系统、照明设备等。按照合同约定由建设单位采购的有关建筑材料和设备，建设单位应当保证其符合建筑节能指标。

5. 不得明示或者暗示检测机构出具虚假检测报告，不得篡改或者伪造检测报告。

6. 在组织建筑工程竣工验收时，应当同时验收建筑节能实施情况，在工程竣工验收报告中，应当注明建筑节能的实施内容。

大型公共建筑工程竣工验收时，对采暖空调、通风、电气等系统，应当进行调试。

第五条 设计单位应当履行以下质量责任和义务：

1. 建立健全质量保证体系，严格执行建筑节能标准。

2. 民用建筑工程设计要按功能要求合理组合空间造型，充分考虑建筑体形、围护结构对建筑节能的影响，合理确定冷源、热源的形式和设备性能，选用成熟、可靠、先进、适用的节能技术、材料和产品。

3. 初步设计文件应设建筑节能设计专篇，施工图设计文件须包括建筑节能热工计算书，大型公共建筑工程方案设计须同时报送有关建筑节能专题报告，明确建筑节能措施及目标等内容。

第六条 施工图审查机构应当履行以下质量责任和义务：

1. 严格按照建筑节能强制性标准对送审的施工图设计文件进行审查，对不符合建筑节能强制性标准的施工图设计文件，不得出具审查合格书。

2. 向建设主管部门报送的施工图设计文件审查备案材料中应包括建筑节能强制性标准的执行情况。

3. 审查机构应将审查过程中发现的设计单位和注册人员违反建筑节能强制性标准的情况，及时上报当地建设主管部门。

第七条 施工单位应当履行以下质量责任和义务：

1. 严格按照审查合格的设计文件和建筑节能标准的要求进行施工，不得擅自修改设计文件。

2. 对进入施工现场的墙体材料、保温材料、门窗部品等进行检验。对采暖空调系统、照明设备等进行检验，保证产品说明书和产品标识上注明的性能指标符合建筑节能要求。

3. 应当编制建筑节能专项施工技术方案，并由施工单位专业技术人员及监理单位专业监理工程师进行审核，审核合格，由施工单位技术负责人及监理单位总监理工程师签字。

4. 应当加强施工过程质量控制，特别应当加强对易产生热桥和热工缺陷等重要部位的质量控制，保证符合设计要求和有关节能标准规定。

5. 对大型公共建筑工程采暖空调、通风、电气等系统的调试，应当符合设计等要求。

6. 保温工程等在保修范围和保修期限内发生质量问题的，施工单位应当履行保修义务，并对造成的损失承担赔偿责任。

第八条 监理单位应当履行以下质量责任和义务：

1. 严格按照审查合格的设计文件和建筑节能标准的要求实施监理，针对工程的特点制定符合建筑节能要求的监理规划及监理实施细则。

2. 总监理工程师应当对建筑节能专项施工技术方案审查并签字认可。专业监理工程师应当对工程使用的墙体材料、保温材料、门窗部品、采暖空调系统、照明设备，以及涉及建筑节能功能的重要部位施工质量检查验收并签字认可。

3. 对易产生热桥和热工缺陷部位的施工，以及墙体、屋面等保温工程隐蔽前的施工，专业监理工程师应当采取旁站形式实施监理。

4. 应当在《工程质量评估报告》中明确建筑节能标准的实施情况。

第九条 工程质量检测机构应当将检测过程中发现建设单位、监理单位、施工单位违反建筑节能强制性标准的情况，及时上报当地建设主管部门或者工程质量监督机构。

第十条 建设主管部门及其委托的工程质量监督机构应当加强对施工过程建筑节能标准执行情况的监督检查，发现未按施工图设计文件进行施工和违反建筑节能标准的，应当责令改正。

第十一条 建设、勘察、设计、施工、监理单位，以及施工图审查和工程质量检测机构违反建筑节能有关法律法规的，建设主管部门依法给予处罚。

第十二条 达不到节能要求的工程项目，不得参加各类评奖活动。

学校节约能源管理实施细则

（本文为参考资料）

第一章 总 则

第一条 为切实推进节能减排工作，推进节约型校园建设，根据《中华人民共和国节约能源法》，结合学校能源管理和节能工作实际，特制定本细则。

第二条 凡使用我校能源的单位和个人均应遵守本细则。

第三条 节约能源（以下简称节能），是指通过管理节能、技术节能和行为节能等途径，降低学校水、电、气、暖等能源消耗和污染物（废气、废渣、废水）排放，有效、合理利用能源。

第四条 本细则由校节能工作领导小组牵头实施。

第二章 职责分工

第五条 校节能工作领导小组负责制定学校节能工作的总体规划、年度计划、节能规章制度以及奖惩措施等。

第六条 节能工作领导小组组长由主管后勤工作的副校长兼任，成员为党政办公室、纪委/监察室/审计室、国有资产管理处、实验室与设备处、信息化建设处、基本建设处、计划财务处、后勤处、宣传部、学生工作处、团委、工会、后勤服务集团等部门负责同志。

第七条 节能办公室设在后勤处，节能办公室主任由后勤处处长兼任，办公室设管理人员若干。

第八条 节能办公室在节能工作领导小组领导下，积极落实完成各项具体工作。主要职责如下：

1. 负责全校能源（计量、运行）设施管理、能源使用管理、用能收费以及节能改造项目的考察、评估、论证、立项及检查验收。

2. 负责全校节能情况的统计与分析，定期、不定期对各单位节能减排情况进行检查，并有针对性地提出节能减排整改意见。

3. 负责与政府节能、环保、供电、供水、供暖等部门业务往来及协调。

4. 负责起草学校节能奖励办法、能源管理规定等相关制度。

第九条 各院（处、部）成立节能管理小组，由3名或3名以上人员组成并报节能工作领导小组备案，配合节能工作领导小组开展工作。节能管理组长由各院（处、部）1名负责同志兼任。

第十条 节能管理小组接受校节能工作领导小组的统一领导，接受节能指导和监督，配合节能办公室完成各项具体工作任务，主要职责如下：

1. 负责制定本单位节能管理的办法、措施、细则。

2. 负责本单位节能教育、宣传工作和节能日常监督、检查。

3. 负责本单位各类能源管理设施运行的日常巡查，及时纠正、报修各类跑冒滴漏问题。

4. 负责本单位节能工作情况的汇报。

第三章　管理节能

第十一条　学校能源主要用于满足教学、科研、行政办公、学生及教职工生活等，其他用能将严格控制，实行审批制度。如遇能源供应紧张或其他特殊情况，学校能源优先保障日常生活和教学活动。

第十二条　为全面计量、准确监控和分类管理学校各类能源，后勤处在现有能耗统计平台基础上，加快建设覆盖全校的能源监管平台，逐步建立能耗统计、能效公示制度。

第十三条　逐步实现行政办公场所、校园公共用能设施、学生公寓等区域能源使用定额管理，依据用能性质和实际能耗统计结果，在征求意见的基础上制定用能补贴标准，超出用能定额的部分由用户或单位自行承担。

第十四条　本着"谁用能，谁付费"的原则，将科研用能纳入能源回收范围，研究制定科研用能监控、管理和收费办法，实行全额收费。

第十五条　校内住宅用户、租用（借用）学校房屋、场地从事经营性活动的用户实行用能全额收费制度，收费标准严格按照国家和本省有关用能收费价格标准执行。临时借用学校的活动场所（教室、报告厅、活动中心）举办各类活动、报告等，根据具体情况缴纳一定水、电、暖等能源使用费，由后勤处制定收费细则。

第十六条　对挂靠校内各单位的非学校建制单位，和使用学校能源且在日常办公之外从事具有经营性质活动的校内单位，实行水、电、暖全额收费，涉及用能补贴事项的，由校节能领导小组制定补贴方案。难以确认用能性质的，由校节能工作领导小组研究认定。

第十七条　做好新建工程、维修项目实施过程中的用能管理，开工前由甲方通知施工单位到后勤处能源管理科办理能源使用许可手续，批准并备案、装表后方可用水用电。因施工、运输等挖断、压断管网的，由施工单位承担能源流失所产生的实际损失和相应的修理费用。项目完工后由甲方通知后勤处能源管理科拆除计量设施。未办理相关手续，另行直接开工的，由此产生的一切后果由工程项目单位承担。

第十八条　供水、供电、供暖、供气等运行管理部门，要加强对各类管网设施的巡视检查和维护保养，对出现的故障和问题要及时维修。发现公共用水、用电设施的跑、冒、滴、漏要立即抢修，不得拖延。加强对供暖司炉人员的技术培训，要根据天气变化、供暖区域、供暖时段随时调整锅炉的运行状态。

第十九条　严禁私自开启消防栓取水。如确需使用，要报校节能办公室审批。

第四章　技术节能

第二十条　在行政办公、教学科研、学生公寓等日

第二十一条　大型高耗能设备、空调的采购计划必须由校节能工作领导小组的审核同意方可实施。优先考虑符合国家节能标准和具有能效标识的产品。

第二十二条　逐步实施污水站扩容改造、锅炉煤改气、中

央空调和分体式空调节能改造等工程。

第二十三条 对危险化学品、放射性元素等有毒有害物品的使用管理实行节能减排责任人制度，加大废气（渣、物）回收、排放的监督检查力度，从源头上杜绝有毒有害物品对环境的污染破坏。

第二十四条 鼓励开展校内节能技术研究，支持节能办公室与校内单位合作开展课题研究，保证研究成果优先在学校应用。

第二十五条 鼓励各能源消耗部门采用新工艺、新技术、新措施进行节能减排改造，推广使用新型节能、保护环境的产品及再生能源的二次利用，努力降低能源支出成本。

第二十六条 公共冲厕、园林绿化、道路洒水、建筑施工等用水应充分使用污水处理后的中水，在中水保障供给时，不得使用自来水。各单位和个人不得使用学校自来水洗车。

第五章 行为节能

第二十七条 全校师生员工要牢固树立节能意识，培育节能行为，养成节能习惯，支持、推进我校节能工作的开展。校节能办公室组织巡查人员不定期检查各单位、各部门日常节能工作落实情况。

第二十八条 科研活动节能。科研活动应在遵守科研活动有关制度和操作规程的基础上节约用能，避免长明灯、待机耗能和其他设施设备浪费用能的情况。

第二十九条 公寓节能。学生在公寓要节约用水、用电，随手关灯、关水，爱护水、电设施，不在公寓内使用高耗能电器取暖、做饭、烧水等，公寓管理单位要不定期进行检查，一经发现没收电器，并报节能办公室，节能办公室视情节给予相应的处理。

第三十条 教室节能。教室物业管理人员和学生要重视并积极参与教室节能。教室物业管理人员要合理控制自习室开放数量，引导学生自习时尽量集中就坐，要加强教室用电巡视检查，确保人离灯熄。学生要注重节约习惯养成，课后离开教室不忘及时关灯。

第三十一条 办公室节能。电脑在没有使用的情况下尽量设置为节能模式或休眠状态，尽量减少电脑、打印机、复印机、传真机等办公设备的待机时间；饮水机即用即开，长时间不使用时及时关闭，下班时关闭电源；做到无人时空调关闭，空调使用时不开门窗，夏季空调温度设置在 26℃ 以上，冬季空调温度设置在 20℃ 以下。冬季有采暖设施的办公室、会议室等在供暖正常的情况下，禁止使用空调或各种加热电器；除非特殊情况，空调设置温度不得高于 20 度。所有大型机房应根据就座率调整开启空调的数量。

第三十二条 图书馆节能。要合理开放阅览室数量，在就座率不高的情况下，引导学生相对集中就座，关闭空位上的照明。在光照满足的情况下，适当减少书架上的照明。闭馆后，只保留必要的照明和电源，其他用电应全部关闭，控制白天开启室内照明灯具的数量，做到自然光照度满足阅览条件时不开启照明灯。

第三十三条 体育场馆节能。要合理控制照明用电时间，根据实际需要控制照明数量。晚上运动场地照明要视季节和学生锻炼需求情况，制定灵活的照明计划，杜绝用电浪费；各类场馆非开放时间要及时关闭其照明、电扇、空调，游泳池要节约用水，淋浴设施选用一位一控的节能型产品。

第三十四条 餐厅节能。学生餐厅根据就餐时间、就餐人数和季节变化等情况，及时调整大厅照明、电扇、电梯、空调的开启时间和数量；严格控制高耗能炊具的使用，鼓励使用节能产品。

第三十五条 电梯节能。根据实际需要，合理调配、控制各楼宇内电梯的使用数量，鼓励步行上下较低楼层，尽量减少电梯的频繁启动。

第三十六条 车库、路灯节能。室内外停车场、学校各大门及校园内道路等的照明灯、路灯等在正常工作日视需要控制数量，夜间减半亮灯。周末及寒暑假期间要严格控制开灯数量和时间段，各类轮廓景观和装饰灯非重大活动和节日期间不得开启使用。

第三十七条 园林养护节能。采用喷灌、滴灌方式，尽可能减少漫灌，并根据季节控制绿化用水。

第三十八条 工程训练中心加强对各种耗能设备的监督检查，不使用时要及时关闭电源，不得待机空转，控制高耗能设备的使用时间，各种金属废料要集中回收。

第三十九条 各基础教学单位（附中、附小、幼儿园）的师生、员工要增强节能意识，有效减少乃至避免长流水、长明灯现象。

第六章　节能考核

第四十条　实行节能考核评价制度，各单位要高度重视并纳入工作议事日程，制定具体的节能规范和细则。

第四十一条　逐步推行节约能源目标责任考核制度，根据节能管理确定的用能指标和节能减排目标责任书对各单位进行节能考核。

第七章　奖惩制度

第四十二条　本着"指标从紧，奖励从宽，惩罚适度"的原则，从节能效益资金中提取一定的比例作为节能奖励基金，用于表彰全校在节能管理、节能技术研究推广以及节能校园风尚引领等方面有成绩的单位和个人。

第四十三条　所有校内单位和个人有权检举浪费用能、违章用能现象和行为。学校对各类用能不文明、浪费现象和行为，视情节给予行为曝光、通报批评，给学校造成重大能源损失的，经学校研究同意可给予行政处分等处罚。

第四十四条　对于连续超指标用能、经核查确属管理不善，存在浪费现象的，学校将对其能源补贴指标进行削减和通报批评，并责令整改。

第四十五条　对于用能严重违规、违法的，除实行上条处罚外，学校将追究责任人行政和法律责任。

第八章　宣传教育

第四十六条　宣传部要利用校园网、校报、电视台、广播、宣传橱窗等宣传平台，做好节能减排宣传工作，树立先进典型，引导广大师生员工充分认识开展节能减排工作的重要意义，不断增强师生员工的节能减排意识。

第四十七条　校工会要组织广大职工学习相关文件精神，引导教职员工从自身做起，从点滴小事做起，自觉参与节约节能实践活动。

第四十八条　校团委、学生工作处和研究生工作部要组织学生开展形式多样的节能减排教育、宣传活动。鼓励学生组建节能协会等相关社团组织，带动广大学生参与节能社会实践。支持在校学生围绕校园节能、绿色环保主题开展科技制作、发明活动。学生周末晚点名安排节能减排专题教育，引导学生树立节能环保观念，为学校节能减排做贡献。

第九章　附　　则

第四十九条　本细则的解释权归校节能工作领导小组。

第五十条　各院（处、部）节能管理小组结合本细则，制定本单位节能管理实施细则。

第五十一条　本细则自印发之日起施行。

民用建筑节能管理规定

中华人民共和国建设部令

第 143 号

《民用建筑节能管理规定》已于 2005 年 10 月 28 日经第 76 次部常务会议讨论通过，现予发布，自 2006 年 1 月 1 日起施行。

中华人民共和国建设部部长

二〇〇五年十一月十日

第一条 为了加强民用建筑节能管理，提高能源利用效率，改善室内热环境质量，根据《中华人民共和国节约能源法》、《中华人民共和国建筑法》、《建设工程质量管理条例》，制定本规定。

第二条 本规定所称民用建筑，是指居住建筑和公共建筑。

本规定所称民用建筑节能，是指民用建筑在规划、设计、建造和使用过程中，通过采用新型墙体材料，执行建筑节能标准，加强建筑物用能设备的运行管理，合理设计建筑围护结构的热工性能，提高采暖、制冷、照明、通风、给排水和通道系统的运行效率，以及利用可再生能源，在保证建筑物使用功能和室内热环境质量的前提下，降低建筑能源消耗，合理、有效地利用能源的活动。

第三条 国务院建设行政主管部门负责全国民用建筑节能的监督管理工作。

县级以上地方人民政府建设行政主管部门负责本行政区域内民用建筑节能的监督管理工作。

第四条 国务院建设行政主管部门根据国家节能规划，制定国家建筑节能专项规划；省、自治区、直辖市以及设区城市人民政府建设行政主管部门应当根据本地节能规划，制定本地建筑节能专项规划，并组织实施。

第五条 编制城乡规划应当充分考虑能源、资源的综合利用和节约，对城镇布局、功能区设置、建筑特征，基础设施配置的影响进行研究论证。

第六条 国务院建设行政主管部门根据建筑节能发展状况和技术先进、经济合理的原则，组织制定建筑节能相关标准，建立和完善建筑节能标准体系；省、自治区、直辖市人民政府建设行政主管部门应当严格执行国家民用建筑节能有关规定，可以制定严于国家民用建筑节能标准的地方标准或者实施细则。

第七条 鼓励民用建筑节能的科学研究和技术开发，推广应用节能型的建筑、结构、材料、用能设备和附属设施及相应的施工工艺、应用技术和管理技术，促进可再生能源的开发利用。

第八条 鼓励发展下列建筑节能技术和产品：

（一）新型节能墙体和屋面的保温、隔热技术与材料；

（二）节能门窗的保温隔热和密闭技术；

（三）集中供热和热、电、冷联产联供技术；

（四）供热采暖系统温度调控和分户热量计量技术与装置；

（五）太阳能、地热等可再生能源应用技术及设备；

（六）建筑照明节能技术与产品；

（七）空调制冷节能技术与产品；

（八）其他技术成熟、效果显著的节能技术和节能管理技术。

鼓励推广应用和淘汰的建筑节能部品及技术的目录，由国务院建设行政主管部门制定；省、自治区、直辖市建设行政主管部门可以结合该目录，制定适合本区域的鼓励推广应用和淘汰的建筑节能部品及技术的目录。

第九条 国家鼓励多元化、多渠道投资既有建筑的节能改造，投资人可以按照协议分享节能改造的收益；鼓励研究制定本地区既有建筑节能改造资金筹措办法和相关激励政策。

第十条 建筑工程施工过程中，县级以上地方人民政府建设行政主管部门应当加强对建筑物的围护结构（含墙体、屋面、门窗、玻璃幕墙等）、供热采暖和制冷系统、照明和通风等电器设备是否符合节能要求的监督检查。

第十一条 新建民用建筑应当严格执行建筑节能标准要求，民用建筑工程扩建和改建时，应当对原建筑进行节能改造。

既有建筑节能改造应当考虑建筑物的寿命周期，对改造的必要性、可行性以及投入收益比进行科学论证。节能改造要符合建筑节能标准要求，确保结构安全，优化建筑物使用功能。

寒冷地区和严寒地区既有建筑节能改造应当与供热系统节

能改造同步进行。

第十二条　采用集中采暖制冷方式的新建民用建筑应当安设建筑物室内温度控制和用能计量设施，逐步实行基本冷热价和计量冷热价共同构成的两部制用能价格制度。

第十三条　供热单位、公共建筑所有权人或者其委托的物业管理单位应当制定相应的节能建筑运行管理制度，明确节能建筑运行状态各项性能指标、节能工作诸环节的岗位目标责任等事项。

第十四条　公共建筑的所有权人或者委托的物业管理单位应当建立用能档案，在供热或者制冷间歇期委托相关检测机构对用能设备和系统的性能进行综合检测评价，定期进行维护、维修、保养及更新置换，保证设备和系统的正常运行。

第十五条　供热单位、房屋产权单位或者其委托的物业管理等有关单位，应当记录并按有关规定上报能源消耗资料。

鼓励新建民用建筑和既有建筑实施建筑能效测评。

第十六条　从事建筑节能及相关管理活动的单位，应当对其从业人员进行建筑节能标准与技术等专业知识的培训。

建筑节能标准和节能技术应当作为注册城市规划师、注册建筑师、勘察设计注册工程师、注册监理工程师、注册建造师等继续教育的必修内容。

第十七条　建设单位应当按照建筑节能政策要求和建筑节能标准委托工程项目的设计。

建设单位不得以任何理由要求设计单位、施工单位擅自修改经审查合格的节能设计文件，降低建筑节能标准。

第十八条 房地产开发企业应当将所售商品住房的节能措施、围护结构保温隔热性能指标等基本信息在销售现场显著位置予以公示，并在《住宅使用说明书》中予以载明。

第十九条 设计单位应当依据建筑节能标准的要求进行设计，保证建筑节能设计质量。

施工图设计文件审查机构在进行审查时，应当审查节能设计的内容，在审查报告中单列节能审查章节；不符合建筑节能强制性标准的，施工图设计文件审查结论应当定为不合格。

第二十条 施工单位应当按照审查合格的设计文件和建筑节能施工标准的要求进行施工，保证工程施工质量。

第二十一条 监理单位应当依照法律、法规以及建筑节能标准、节能设计文件、建设工程承包合同及监理合同对节能工程建设实施监理。

第二十二条 对超过能源消耗指标的供热单位、公共建筑的所有权人或者其委托的物业管理单位，责令限期达标。

第二十三条 对擅自改变建筑围护结构节能措施，并影响公共利益和他人合法权益的，责令责任人及时予以修复，并承担相应的费用。

第二十四条 建设单位在竣工验收过程中，有违反建筑节能强制性标准行为的，按照《建设工程质量管理条例》的有关规定，重新组织竣工验收。

第二十五条 建设单位未按照建筑节能强制性标准委托设计，擅自修改节能设计文件，明示或暗示设计单位、施工单位违反建筑节能设计强制性标准，降低工程建设质量的，处20万元以上 50 万元以下的罚款。

第二十六条 设计单位未按照建筑节能强制性标准进行设计的，应当修改设计。未进行修改的，给予警告，处 10 万元以上 30 万元以下罚款；造成损失的，依法承担赔偿责任；两年内，累计三项工程未按照建筑节能强制性标准设计的，责令停业整顿，降低资质等级或者吊销资质证书。

第二十七条 对未按照节能设计进行施工的施工单位，责令改正；整改所发生的工程费用，由施工单位负责；可以给予警告，情节严重的，处工程合同价款 2% 以上 4% 以下的罚款；两年内，累计三项工程未按照符合节能标准要求的设计进行施工的，责令停业整顿，降低资质等级或者吊销资质证书。

第二十八条 本规定的责令停业整顿、降低资质等级和吊销资质证书的行政处罚，由颁发资质证书的机关决定；其他行政处罚，由建设行政主管部门依照法定职权决定。

第二十九条 农民自建低层住宅不适用本规定。

第三十条 本规定自 2006 年 1 月 1 日起施行。原《民用建筑节能管理规定》（建设部令第 76 号）同时废止。

建设部建筑节能试点
示范工程（小区）管理办法

建设部关于印发《建设部建筑节能试点
示范工程（小区）管理办法》的通知
建科〔2004〕25 号

各省、自治区建设厅，直辖市建委及有关部门，计划
单列市建委（建设局），新疆生产建设兵团建设局：

为加强建筑节能试点示范工程的管理，规范其申报、
检查、验收等工作，充分发挥节能建筑示范效应，推动
全国建筑节能工作，我部制定了《建设部建筑节能试点示
范工程（小区）管理办法》，现印发给你们，请遵照执行。

中华人民共和国建设部

2004 年 2 月 11 日

第一条 为贯彻建设部《民用建筑节能管理规定》，执行国
家有关建筑节能设计标准，通过实施建筑节能试点示范工程（小
区）（以下简称示范工程）推动各地建筑节能工作，制定本办法。

第二条 本办法适用于各气候区民用建筑新建或改造项目
实施节能的工程。

第三条 建设部负责示范工程的立项审查与批准实施、监

督检查、建筑节能专项竣工验收、建筑节能示范工程称号的授予等组织管理工作。

第四条 县级以上地方建设行政主管部门负责示范工程的组织实施，同时要结合示范工程制定本地区的建筑节能技术经济政策和管理办法。

第五条 在示范工程的实施中，通过规划、设计、施工、材料应用、运行管理、工程实践和经验总结等，推广先进适用成套节能技术与产品，实现节能的经济和社会效益，促进建筑节能产业进步，推动建筑节能工作的发展。

第六条 示范工程应重点抓好下列成套节能技术和产品的应用：

1. 新型节能墙体、保温隔热屋面、节能门窗、遮阳和楼梯间节能等技术与产品；

2. 供热采暖系统调控与热计量和空调制冷节能技术与产品；

3. 太阳能、地下能源、风能和沼气等可再生能源；

4. 建筑照明的节能技术与产品；

5. 其它技术成熟、效果显著的节能技术和节能管理技术。

第七条 申报示范工程的项目必须具备的条件：

1. 设计方案应优于现行建筑节能设计标准，并且符合《民用建筑节能管理规定》；或设计方案满足现行建筑节能设计标准，但采用的节能技术具有国内领先水平；

2. 有建设项目的正式立项手续；

3. 有可靠的资金来源，开发企业有相应的房地产开发资质；

4. 选用的节能技术与产品通过有关部门的认证和推广，并符合国家（或行业）标准；没有国家（或行业）标准的技术与产品，应由具有相应资质的检测机构出具检测报告，并经国务院或省、自治区、直辖市有关部门组织的专家审定。

第八条 申报示范工程的单位应提交以下文件、资料：

1. 建设部科技示范工程（建筑节能专项）申报书；

2. 工程可行性研究报告（含节能篇）；

3. 规划和建筑设计方案和节能专项设计方案；

4. 工程立项批件、开发企业资质等证照复印件。

第九条 申报与审查：

1. 申请示范工程的单位将申报书与其它相关文件、资料报省、自治区、直辖市、计划单列市的建设厅（建委、建设局）；

2. 省、自治区、直辖市、计划单列市建设厅（建委、建设局）组织对申报书及其它相关文件、资料的初审。通过初审的签署意见，报建设部；

3. 建设部组织专家对申报项目进行审查，通过审查的项目列入建设部科学技术项目计划（建筑节能示范工程专项）。

建设部每年组织一次示范工程立项审查。

第十条 项目列入建设部科学技术项目计划后，承担单位应严格按照批准的设计方案实施，每半年向省、自治区、直辖市、计划单列市建设厅（建委、建设局）汇报项目实施情况，并由省、自治区、直辖市、计划单列市建设厅（建委、建设局）签署意见后报建设部。

第十一条 承担单位在实施节能分项工程过程中，应向省、自治区、直辖市、计划单列市建设厅（建委、建设局）和建设部提交阶段实施报告。

第十二条 阶段性监督检查工作由建设部或由部委托省、自治区、直辖市、计划单列市建设厅（建委、建设局）组织。

第十三条 示范工程完成工程竣工验收并投入使用不少于一个采暖（制冷）期、且其节能性能经国家认可的检测机构检验合格后，由承担单位提出节能专项验收申请，由建设部或由部委托省、自治区、直辖市、计划单列市建设厅（建委、建设局）组织专家进行验收。

第十四条 申请节能专项验收时，承担单位应提交以下文件：

1. 工程竣工验收文件；

2. 示范工程实施综合报告（包括节能设计、节能新技术应用、施工建设、运行管理、节能效果、经济效益分析等内容）；

3. 工程质量检测机构出具的包括建筑物与采暖（制冷）系统的节能性能检测报告。

第十五条 通过验收的项目，由建设部统一颁发建设部建筑节能示范工程证书和标牌，并予以公示。

第十六条 具有下列情形之一的项目，取消其示范工程资格，并予以公告：

1. 实施后达不到建筑节能设计标准的项目；

2. 工程竣工后两年内未申请节能专项验收的项目；

3. 列入计划后一年内未组织实施的项目；

4. 未获得建设部批准延期实施的项目。

第十七条 本办法由建设部科学技术司负责解释。

第十八条 本办法自颁布之日起施行。

民用建筑节能信息公示办法

住房城乡建设部关于印发

《民用建筑节能信息公示办法》的通知

建科〔2008〕116 号

各省、自治区建设厅，直辖市建委，计划单列市建委（建设局），新疆生产建设兵团建设局：

为贯彻落实《中华人民共和国节约能源法》，我部制定了《民用建筑节能信息公示办法》，现印发给你们，请结合实际贯彻执行。

住房城乡建设部

二〇〇八年六月二十六日

为了发挥社会公众监督作用，加强民用建筑节能监督管理，根据《中华人民共和国节约能源法》的有关规定，制定本办法。

第一条 民用建筑节能信息公示，是指建设单位在房屋施工、销售现场，按照建筑类型及其所处气候区域的建筑节能标准，根据审核通过的施工图设计文件，把民用建筑的节能性能、节能措施、保护要求以张贴、载明等方式予以明示的活动。

第二条 新建（改建、扩建）和进行节能改造的民用建筑应当公示建筑节能信息。

第三条　建筑节能信息公示内容包括节能性能、节能措施、保护要求。

节能性能指：建筑节能率，并比对建筑节能标准规定的指标。

节能措施指：围护结构、供热采暖、空调制冷、照明、热水供应等系统的节能措施及可再生能源的利用。

具体内容见附件1、附件2。

第四条　建设单位应在施工、销售现场张贴民用建筑节能信息，并在房屋买卖合同、住宅质量保证书和使用说明书中载明，并对民用建筑节能信息公示内容的真实性承担责任。

第五条　施工现场公示时限是：获得建筑工程施工许可证后30日内至工程竣工验收合格。

销售现场公示时限是：销售之日起至销售结束。

第六条　建设单位公示的节能性能和节能措施应与审查通过的施工图设计文件相一致。

房屋买卖合同应包括建筑节能专项内容，由当事人双方对节能性能、节能措施作出承诺性约定。

住宅质量保证书应对节能措施的保修期作出明确规定。

住宅使用说明书应对围护结构保温工程的保护要求，门窗、采暖空调、通风照明等设施设备的使用注意事项作出明确规定。

建筑节能信息公示内容必须客观真实，不得弄虚作假。

第七条　建筑工程施工过程中变更建筑节能性能和节能措施的，建设单位应在节能措施实施变更前办妥设计变更手续，并将设计单位出具的设计变更报经原施工图审查机构审查同意后于 15 日之内予以公示。

第八条　建设单位未按本办法规定公示建筑节能信息的，根据《节约能源法》的相关规定予以处罚。

第九条　建筑能效测评标识按《关于试行民用建筑能效测评标识制度的通知》（建科〔2008〕80 号）执行，绿色建筑标识按《关于印发〈绿色建筑评价标识管理办法〉（试行）的通知》（建科〔2007〕206 号）执行。

第十条　本办法自 2008 年 7 月 15 日起实施。

附件：1. 施工、销售现场公示内容（略）

2. 商品房买卖合同、住宅质量保证书和使用说明书中载明的内容（略）

夏热冬冷地区既有居住建筑节能
改造补助资金管理暂行办法

关于印发《夏热冬冷地区既有居住建筑节能

改造补助资金管理暂行办法》的通知

财建〔2012〕148 号

上海市、江苏省、浙江省、安徽省、福建省、江西省、湖北省、湖南省、重庆市、四川省、贵州省、河南省、宁波市、厦门市财政厅（局）：

为贯彻落实《国务院关于印发"十二五"节能减排综合性工作方案的通知》（国发〔2011〕26 号）精神，启动夏热冬冷地区既有居住建筑节能改造，我们制定了《夏热冬冷地区既有居住建筑节能改造补助资金管理暂行办法》。现予印发，请遵照执行。

中华人民共和国财政部

二〇一二年四月九日

第一章 总 则

第一条 为贯彻落实《国务院关于印发"十二五"节能减排综合性工作方案的通知》（国发〔2011〕26 号），中央财政将安排资金专项用于对夏热冬冷地区实施既有居住建筑节能改造进行补助。为加强资金管理，发挥资金使用效益，特制定本办法。

第二条 本办法所称"夏热冬冷地区"是指长江中下游及其周边地区，确切范围由《民用建筑热工设计规范》（GB50176）规定。涉及的省份主要有：上海市、重庆市、江苏省、浙江省、安徽省、江西省、湖北省、湖南省、四川省、河南省、贵州省、福建省等。

本办法所称"夏热冬冷地区既有居住建筑节能改造补助资金"（以下简称补助资金）是指中央财政安排的专项用于补助夏热冬冷地区既有居住建筑节能改造的资金。

第三条 中央财政对 2012 年及以后开工实施的夏热冬冷地区既有居住建筑节能改造项目给予补助，补助资金采取由中央财政对省级财政专项转移支付方式，具体项目实施管理由省级人民政府相关职能部门负责。

第四条 补助资金管理实行"公开、公平、公正"原则，接受社会监督。

第二章 补助资金使用范围及标准

第五条 补助资金使用范围：

（一）建筑外门窗节能改造支出；

（二）建筑外遮阳系统节能改造支出；

（三）建筑屋顶及外墙保温节能改造支出；

（四）财政部、住房城乡建设部批准的与夏热冬冷地区既有居住建筑节能改造相关的其他支出。

第六条 补助资金将综合考虑不同地区经济发展水平、改造内容、改造实施进度、节能及改善热舒适性效果等因素进行计算，并将考虑技术进步与产业发展等情况逐年进行调整。2012年补助标准具体计算公式为：

某地区应分配补助资金额＝所在地区补助基准×∑（单项改造内容面积×对应的单项改造权重）。

地区补助基准按东部、中部、西部地区划分：东部地区 15 元/ m^2，中部地区 20 元/ m^2，西部地区 25 元/ m^2。

单项改造内容指建筑外门窗改造、建筑外遮阳节能改造及建筑屋顶及外墙保温节能改造三项，对应的权重系数分别为 30%、40%，30%。

第三章　补助资金申请与拨付

第八条 省级财政部门会同住房城乡建设部门分年度对本地区既有居住建筑节能改造面积、具体内容、实施计划等进行汇总，上报财政部、住房城乡建设部。

第九条 财政部会同住房城乡建设部综合考虑有关省（自治区、直辖市、计划单列市）改造积极性、配套政策制定情况等因素，核定每年的改造任务及补助资金额度，并将70%补助资金预拨到省级财政部门。

第十条 省级财政部门在收到补助资金后，会同住房城乡建设部门及时将资金落实到具体项目。

第十一条 财政部会同住房城乡建设部根据各地每年实际完成的工作量、改造内容及实际效果核拨剩余补助资金，并在改造任务完成后，对当地补助资金进行清算。

第四章　补助资金的使用管理

第十二条　补助资金支付管理按照财政国库管理制度有关规定执行。

第十三条　各地要认真组织既有居住建筑节能改造工作，不得以节能改造为名进行大拆大建，应对拟改造的项目进行充分的技术经济论证，并严格按照建设程序办理相关手续。

第十四条　各级财政、住房城乡建设部门要切实加强补助资金的管理。确保补助资金专款专用。对弄虚作假，冒领补助或者截留、挪用、滞留专项资金的，一经查实，按照国家有关规定进行处理。

第十五条　本办法由财政部、住房和城乡建设部负责解释。

第十六条　相关省、自治区、直辖市财政部门，可以根据本办法，结合当地实际，制定具体实施办法。

第十七条　本办法自印发之日起执行。

电力节能检测中心管理办法

电力工业部关于印发《电力节能

检测中心管理办法》的通知

电综〔1997〕575号

现将《电力节能检测中心管理办法》印发给你们
（见附件），请认真贯彻执行。

1997年10月16日

第一章　总　则

1. 为加强电力节能检测和节能技术监督工作，全面提高企
业的能源利用率，降低能耗，各电力集团公司、省（市、区）
电力公司建立节能检测中心，制定本办法。

2. 各节能检测中心必须在本办法的规范下，按规定的程序
组建、评审并获得认证后方能正式开展节能检测工作。

3. 各节能检测中心应确保节能检测的科学性、公正性和权威性。

第二章 职责范围

1. 对本电网所辖电力企业主要能耗指标进行检测及检查；

2. 对本电网所辖火电厂实施能量平衡测试，评价；

3. 对基建、技改工程项目进行合理用能的评价及竣工验收测试；

4. 对发、供电企业中的节能自检工作（含机组大修前、后的效率测试等）进行技术指标和监督；

5. 协助主管电力公司制定主要能耗指标及节能检测计划；

6. 对进入本电网的耗能产品的能耗指标进行检验和抽查；

7. 协助技术监督部门对能源质量进行监督和检测；

8. 协助主管电力公司监督所属企业更新国家已公布淘汰机电产品情况；

9. 协助或负责进行节能信息的搜集、本电网发电厂能耗指标统计分析等工作；

10. 定期向上级节能主管部门报告节能检测工作情况及提出有关建议。

第三章 检测内容

1. 综合节能检测主要内容：锅炉效率；汽轮机热效率、汽耗，真空严密性；管道效率；厂用电率；汽水损失率；发电机效率；水轮机效率、水耗；供电线损率，全厂负荷率等。

2. 单项节能检测主要内容：给水泵组效率，循环水泵负荷率；空预器漏风率，除尘器效率；主要附机单耗；锅炉主蒸汽压力、温度，再热蒸汽温度；排烟温度、氧量；灰渣含碳量；给水温度，高加投入率；凝汽器真空度、端差；燃料工业分析；污染物排放量等。

3. 火电厂能量平衡测试主要内容：机组及全厂燃料平衡、热平衡、水平衡及总能量平衡的检测和评价。

4. 节能产品能耗指标的抽查、验证。

5. 对用能产品的能耗及与产品能耗有关的工艺、设备、系统等技术性能的检测、评价。

第四章　评审标准

1. 评审按《认证评审考核细则》的六项内容进行。带"＊"的为重点项，均需达到规定要求。其它考核要求有 3 个及以上分项达不到要求的，待整改后再评审。

2. 每次评审合格的节能检测中心自批准之日起有效期为五年，其间接受签证部门的考核、抽查。逾期须经复审。

第五章　评审组织程序

1. 评审组织

由国家电力公司节能主管部门及计量管理部门组成评审组，负责节能检测中心的机构审定和计量认证工作。

2. 评审程序

申请评审的节能检测中心填报评审申请表及《质量管理手册》，提出自审报告；

网、省（市、区）电力公司组织人员进行初步评审；

网、省（市、区）电力公司初审合格后，在《评审表》上签署初审意见，连同整改意见、申请表等材料一式二分报国家电力公司申请评审；

评审合格的由国家电力公司批文并颁发铜牌。

第六章　编制依据

《节约能源管理暂行条例》——国务院 1986 年 1 月 12 日颁发

《节约能源检测管理暂行规定》——国家计划委员会 1990 年 6 月 1 日颁发

《节能检测机构计量认证评审考核要求》——国家计委资源节约和综合利用司、国家技术监督局计量司计资源函〔1991〕17 号

《节能检测技术通则》——国家标准 GB1536—94

《电力节能工业技术监督规定》——电力部 1997 年 7 月 3 日颁发

第七章　附　件

1. 认证评审考核细则

2. 《质量管理手册》编写说明

3. 检测仪器设备基本配置推荐

4. 电力节能检测中心申请表

5. 电力节能检测中心评审表

节能发电调度管理

节能发电调度办法（试行）

国办发〔2007〕53 号

为提高电力工业能源使用效率，节约能源，减少环境污染，促进能源和电力结构调整，确保电力系统安全、高效运行，实现电力工业的可持续发展，依据《中华人民共和国电力法》、《电网调度管理条例》和《电力监管条例》，制定本办法。

一、基本原则和适用范围

（一）节能发电调度是指在保障电力可靠供应的前提下，按照节能、经济的原则，优先调度可再生发电资源，按机组能耗和污染物排放水平由低到高排序，依次调用化石类发电资源，最大限度地减少能源、资源消耗和污染物排放。

（二）基本原则。以确保电力系统安全稳定运行和连续供电为前提，以节能、环保为目标，通过对各类发电机组按能耗和污染物排放水平排序，以分省排序、区域内优化、区域间协调的方式，实施优化调度，并与电力市场建设工作相结合，充分发挥电力市场的作用，努力做到单位电能生产中能耗和污染物排放最少。

（三）适用范围。节能发电调度适用于所有并网运行的发电机组，上网电价暂按国家现行管理办法执行。对符合国家有关规定的外商直接投资企业的发电机组，可继续执行现有购电合同，合同期满后，执行本办法。

二、机组发电序位表的编制

（四）机组发电排序的序位表（以下简称排序表）是节能发电调度的主要依据。各省（区、市）的排序表由省级人民政府责成其发展改革委（经贸委）组织编制，并根据机组投产和实际运行情况及时调整。排序表的编制应公开、公平、公正，并对电力企业和社会公开，对存在重大分歧的可进行听证。

（五）各类发电机组按以下顺序确定序位：

1. 无调节能力的风能、太阳能、海洋能、水能等可再生能源发电机组；

2. 有调节能力的水能、生物质能、地热能等可再生能源发电机组和满足环保要求的垃圾发电机组；

3. 核能发电机组；

4. 按"以热定电"方式运行的燃煤热电联产机组，余热、余气、余压、煤矸石、洗中煤、煤层气等资源综合利用发电机组；

5. 天然气、煤气化发电机组;

6. 其他燃煤发电机组,包括未带热负荷的热电联产机组;

7. 燃油发电机组。

(六)同类型火力发电机组按照能耗水平由低到高排序,节能优先;能耗水平相同时,按照污染物排放水平由低到高排序。机组运行能耗水平近期暂依照设备制造厂商提供的机组能耗参数排序,逐步过渡到按照实测数值排序,对因环保和节水设施运行引起的煤耗实测数值增加要做适当调整。污染物排放水平以省级环保部门最新测定的数值为准。

三、机组发电组合方案的制订

(七)省级发展改革委(经贸委)认真组织开展年、季、月、日电力负荷需求预测及管理工作,并定期向相关部门及电网和发电企业发布预测信息;根据负荷预测和发电机组实际运行情况,制定本省(区、市)年、季、月发电机组发电组合的基础方案。

(八)各级电力调度机构应按照排序表和发电组合的基础方案,并根据电力日负荷预测和发电机组的实际发电能力、电网运行方式,综合考虑安全约束、机组启停损耗等各种因素,确定次日机组发电组合的方案。

(九)省级电力调度机构依据本省(区、市)排序表和各机组申报的可调发电能力,确定发电机组的启停机方式,形成满足本省(区、市)电力系统安全约束的机组次日发电组合方案,报所在区域电力调度机构。

(十)区域电力调度机构在各省(区、市)机组次日发电组合方案的基础上，依据本区域内各省（区、市）排序表、各机组申报的可调发电能力、跨省输电联络线的输送电能力和网损，进一步优化调整本区域内发电机组的启停机方式。即：进一步对各省（区、市）边际机组（被调用的最后一台机组）考虑网损因素后的供电煤耗率（简称边际供电煤耗率）进行比较，对边际供电煤耗率较高的省（区、市）依次调整安排停机，对边际供电煤耗率较低的省（区、市）依次调整安排启机，直至区域中各省（区、市）的边际供电煤耗率趋同，或跨省（区、市）输电联络线达到输送容量的极限。

（十一）国家电网公司和南方电网公司电力调度机构依据跨区域（省）输电联络线的输送电能力、网损以及发电机组排序结果，按照第十条的原则，协调所辖各区域（省）的发电机组启停机方式，形成各区域机组日发电组合方案，下发各区域（省）电力调度机构执行，并抄报有关省（区、市）发展改革委（经贸委）和区域电力监管机构。

四、机组负荷分配与安全校核

（十二）各级电力调度机构依照以下原则，对已经确定运行的发电机组合理分配发电负荷，编制日发电曲线。

1. 除水能外的可再生能源机组按发电企业申报的出力过程曲线安排发电负荷。

2. 无调节能力的水能发电机组按照"以水定电"的原则安排发电负荷。

3. 对承担综合利用任务的水电厂，在满足综合利用要求的前提下安排水电机组的发电负荷，并尽力提高水能利用率。对流域梯级水电厂，应积极开展水库优化调度和水库群的联合调度，合理运用水库蓄水。

4. 资源综合利用发电机组按照"以（资源）量定电"的原则安排发电负荷。

5. 核电机组除特殊情况外，按照其申报的出力过程曲线安排发电负荷。

6. 燃煤热电联产发电机组按照"以热定电"的原则安排发电负荷。超过供热所需的发电负荷部分，按冷凝式机组安排。

7. 火力发电机组按照供电煤耗等微增率的原则安排发电负荷。

（十三）各级电力调度机构应积极开展水火联合优化调度，充分发挥水电的调峰、调频等作用。

（十四）节能发电调度要坚持"安全第一"的原则。电力调度机构应依据《电力系统安全稳定导则》的要求，对节能发电调度各环节进行安全校核，相应调整开停机方式和发电负荷，保障电力系统安全稳定运行和连续可靠供电。

在电力系统异常或紧急情况下，值班调度员可根据实际情况对发电组合和负荷分配进行调整。电力系统异常或紧急情况消除后，电力调度机构应按照排序表逐步调整到新的机组发电组合。

五、机组检修、调峰、调频及备用容量安排

（十五）发电机组的检修由发电企业按照有关规程的规定和实际需要提出申请，经相应电力调度机构批准后执行。燃煤、燃气、燃油发电机组检修应充分利用年电力负荷低谷时期、丰水期进行。各级电力调度机构应依据负荷预测结果和排序表，在保证系统运行安全的前提下，综合各种因素，优化编制发电机组年、月检修计划；依据短期负荷预测结果，安排日设备检修工作。各类机组的检修安排信息要予以公布。

（十六）所有并网运行的发电机组均有义务按照调度指令参与电力系统的调频、调峰和备用。具体经济补偿办法由电监会会同发展改革委另行制定。

（十七）电网调峰首先安排具有调节能力的水电、燃气、燃油、抽水蓄能机组和燃煤发电机组，然后再视电力系统需要安排其他机组。必要时，可安排火电机组进行降出力深度调峰和启停调峰。

（十八）为保证电力系统安全稳定运行，各级电力调度机构应根据有关规定和安全校核的要求，安排备用容量。备用容量安排应以保证电网运行安全为前提，按照节能环保要求，统筹考虑，合理分布。

六、信息公开与监管

（十九）节能发电调度的全过程实行信息公开制度。各有关单位应按有关规定及时、准确、完整地向相应电力调度机构提供节能调度所需的信息，并对其所提供信息的准确性和完整性负责。

（二十）各级电力调度机构要严格按照本办法的规定实施发电调度，按照有关规定及时对全体发电企业和有关部门发布调度信息，定期向社会公布发电能耗和电网网损情况，自觉接受电力监管机构、省级发展改革委（经贸委）的监管和有关各方的监督。具体监管办法由电监会会同发展改革委另行制定。

（二十一）火力发电机组必须安装并实时运行烟气在线监测装置，并与省级环保部门、电力监管机构和省级电力调度机构联网；供热机组必须安装并实时运行热负荷实时监测装置，并与电力调度机构联网，接受实时动态监管。未按规定安装监测装置或监测装置不稳定运行的，不再列入发电调度范围。

（二十二）并网的发电厂应加强设备运行维护，提高设备运行的可靠性；要加强技术改造，降低能源消耗，减少污染物排放。

（二十三）火力发电机组煤耗的检测与认证工作，由发展改革委指定技术监督检测机构或行业协会负责。各机组污染物排放水平测定工作，由省级环保部门负责。

（二十四）发展改革委要会同有关部门按照本办法，制定节能发电调度实施细则，加强对节能发电调度执行情况的监管。

本办法由发展改革委会同环保总局、电监会、能源办负责解释。具体监督检查工作由区域电力监管机构、省级发展改革委（经贸委）和环保部门负责。

附　录

节能发电调度信息发布办法（试行）

电监会　发展改革委　环境保护部关于印发
《节能发电调度信息发布办法（试行）》的通知
电监市场〔2008〕13号

华东、华中、南方电监局，南京、郑州、成都、贵阳电监办，江苏、河南、四川、广东、贵州省发展改革委、经贸委（经委）、环保局，华东、华南、西南、西北、东北环境保护督查中心，国家电网公司，南方电网公司，华能、大唐、华电、国电、中电投集团公司：

根据《国务院办公厅关于转发发展改革委等部门节能发电调度办法（试行）的通知》（国办发〔2007〕53号）的要求和全国节能发电调度试点工作领导小组第1次会议精神，国家电监会会同国家发展改革委、环境保护部制定了《节能发电调度信息发布办法（试行）》，现印发你们，请依照执行。执行中有何重大问题，请及时告国家电监会、国家发展改革委、环境保护部。

电监会

发展改革委

环境保护部

二〇〇八年四月三日

第一章 总 则

第一条 为确保国家节能减排政策的贯彻落实，满足有关各方对节能发电调度信息的需要，依据《电力监管条例》和《节能发电调度办法（试行）》（国办发〔2007〕53号），制定本办法。

第二条 本办法适用于采用节能发电调度办法的地区。

第三条 各有关单位应按本办法规定，公开发布节能发电调度相关信息，做到及时、真实、准确、完整，并接受公众监督。确需保密的节能发电调度信息，由发展改革委和电力监管机构确定，按照规定程序和方式向特定对象发送。涉及国家安全的节能发电调度信息，由发展改革委和电力监管机构组织相关电力企业论证后，经国家有关部门批准可不公开发布。

第四条 电力监管机构依照本办法对节能发电调度信息发布行为实施监管。

第二章　信息发布的内容

第五条　省级发展改革委（经委、经贸委）负责发布的信息包括：

（一）年（月）度负荷预测

（1）总发电量和全社会用电量；

（2）最大、最小用电负荷；

（3）分月平均用电负荷率。

（二）年（月）度机组发电组合基础方案

（1）机组排序表；

（2）各机组的装机容量、可调出力；

（3）全省（区、市）分月最大负荷、平均最大负荷、月度用电量需求预测；

（4）年（月）机组及主要输电设备检修计划；

（5）各水电厂水库运用计划；

（6）发电设备投产计划；

（7）发电设备关停计划；

（8）有、无调节能力的可再生能源发电机组本年（月）预计发电利用小时数以及下年（月）已知的变化因素；

（9）核能发电机组、按"以热定电"方式运行的燃煤热电联产机组，余热、余气、余压、煤矸石、洗中煤、煤层气等资源综合利用发电机组，天然气、煤气化发电机组本年（月）预计发电利用小时数、资源实际利用量以及下年（月）已知的变化因素；

（10）下年（月）预计需要调用的机组。

（三）其他信息

（1）机组能耗水平；

（2）节能效果。

第六条 省级价格管理部门负责发布机组上网电价信息。

第七条 省级环保部门负责发布的信息包括：

（一）环保设施实际运行情况（投运率和效率等）；

（二）发电机组二氧化硫减排情况；

（三）发电机组污染物排放情况。

第八条 电力监管机构负责发布的信息包括：

（一）发电厂辅助服务管理情况；

（二）发电厂并网运行管理情况；

（三）节能发电调度经济补偿情况。

第九条 电力调度机构负责发布的信息包括：

（一）电网结构情况（主要输电断面的最大输送能力，电网阻塞情况）；

（二）发电机组、主要输变电设备年、月检修情况；

（三）年、月全网发电量、最大/最小发电负荷、发电利用小时；

（四）并网电厂月度实际发电量；

（五）日电力负荷预测数据；

（六）日机组发电组合方案及其安全校核调整情况；

（七）电网出现的紧急或异常情况，因此对机组发电组合所作的调整；

（八）并网电力生产企业执行调度指令情况；

（九）电网损耗情况；

（十）跨省跨区电力交易的输电电价、电量、电量来源情况。

第十条 发电企业应当经政府有关部门核定后，提供下列信息：

（一）经政府有关部门核定的机组设计和实测参数；

（二）机组实测能耗水平；

（三）实测污染物排放情况；

（四）热电机组供热量；

（五）资源综合利用机组资源消耗量；

（六）烟气、供热等在线监测装置安装和运行情况。

第十一条 其它影响社会公共利益、需要发布的节能发电调度信息，经节能发电调度试点工作领导小组认定后予以发布。

第三章 信息发布的方式

第十二条 各有关单位应按照本办法建立信息发布制度，根据信息发布对象的不同，实施信息分类发布。国家电力调度通信中心负责在其发布节能发电调度信息的网页上添加其他单位信息发布的链接。

第十三条 节能发电调度信息发布方式包括网站、信息发布会、新闻发布会、书面材料、厂网联席会议等。

第十四条 节能发电调度信息发布周期包括年度、季度、月度、日。其中全网发电、负荷需求、跨省跨区电力交易情况等信息根据有关技术条件完善情况在 2008 年底过渡到实时发布。在过渡期间，相关数据在生成后 24 小时内发布。

第十五条 电力调度机构、电力企业在节能发电调度实施时遇有特殊情况或重大问题时，应及时向电力监管机构、政府有关部门报送相关信息。

第十六条 各级电力调度机构具体负责所辖范围内的节能发电调度信息发布工作，应建立信息发布系统或通过其他媒介发布调度信息，并指定专人负责统一对外发布相关信息，解答相关问题。

第十七条 每年 3 月 20 日前，电力监管机构通过网站发布上年发电厂并网运行管理考核和补偿情况、辅助服务考核和补偿情况、节能发电调度经济补偿情况。

第十八条 每年 3 月 20 日前，省级环保部门通过网站发布上年机组污染物排放情况、烟气自动在线监控装置运行情况和二氧化硫减排情况。

第十九条 每年 3 月 20 日前，省级物价管理部门通过网站发布上年机组上网电价。

第二十条 每年 3 月 20 日前，电力调度机构通过网站向调度管辖范围内的发电厂发布上年并网发电厂执行调度指令情况、发电机组和主要输变电设备检修情况、电网损耗情况。

第二十一条 每年 3 月 20 日前，电网企业以书面形式向电力监管机构、政府相关部门和所属电力调度机构管辖范围内的发电厂发布上年电网网络阻塞情况、整改方案以及加强电网建设和改造、完善电网结构、减少网络阻塞、适应节能发电调度要求的情况。

第二十二条 每年 11 月 20 日前，省级发展改革委（经委、经贸委）通过网站发布次年分月负荷预测信息。

第二十三条 每年 12 月 10 日前，省级发展改革委（经委、经贸委）会同环保部门通过网站发布次年机组发电组合基础方案信息。

第二十四条 每季度首月 20 日前，电力监管机构通过网站发布上季度发电厂辅助服务管理情况、并网运行管理情况和节能发电调度经济补偿情况。

第二十五条 每月 20 日前，省级发展改革委（经委、经贸委）通过网站发布上月关停小火电机组明细、节能效果、发电能耗情况。

第二十六条 每月 20 日前，省级环保部门通过网站发布上月机组污染物排放情况、烟气自动在线监控装置运行情况。各环保督查中心要加强对辖区内发电机组脱硫设施运行情况的日常督查。

第二十七条 每月 20 日前，电力调度机构通过网站向调度管辖范围内的发电厂发布上月全网发电信息、各并网电厂上月实际发电量、各并网发电厂执行调度指令情况、安全校核及电网出现紧急和异常情况时对机组组合所作的调整、发电机组（输变电设备）检修和电网阻塞等情况。

第二十八条 每月 10 日前，发电企业以书面形式向相应省级发展改革委（经委、经贸委）报送上月机组的能耗水平，同时抄送相应电力监管机构和电力调度机构；以书面形式向相应省级环保部门、相关环保督查中心和电力监管机构报送上月机组的污染物排放情况、烟气自动在线监控装置运行情况；每月20日前，发电企业通过网站发布上月机组能耗水平、污染物排放情况、热电机组供热量、资源综合利用机组资源消耗量；主要水电厂通过网站发布上月来水情况。

第二十九条 每月月末前，省级发展改革委（经委、经贸委）通过网站发布次月负荷预测信息、机组发电组合基础方案。

第三十条 每月月末前，电力调度机构通过网站向调度管辖范围内的发电厂发布次月电网结构情况（主要输电断面的输送能力、电网阻塞情况）。

第三十一条 每月月末前，发电企业通过网站提供次月热电机组预计供热量、资源综合利用机组预计资源量；主要水电厂通过网站发布下月来水情况预测。

第三十二条 每日 16：00 前，电力调度机构将次日机组发电计划曲线、有关设备检修计划下达相应发电厂，同时通过网站向调度管辖范围内的发电厂发布次日 96 点全网电力负荷预测曲线、机组发电组合方案。

第三十三条 每日 9：00 前，各发电企业应向有关电力调度机构提供次日节能发电调度所需信息，主要内容包括：次日机组发电最大、最小可调出力；除水能外的可再生能源及满足环保要求的垃圾发电机组的出力过程建议曲线；水电厂的来水和发电出力预测；核能发电机组的出力过程建议曲线；燃煤热电联产发电机组次日的供热量、供热相应的发电出力曲线；资源综合利用发电机组次日的可利用资源量、相应的出力过程建议曲线；承担综合利用任务的水电厂的综合利用要求；火电厂当日燃料存量和后续一周燃料预计来量；设备检修计划及机组运行的其它要求。

第三十四条 每年 9 月 20 日前，发电企业以文件的形式向省级发展改革委（经委、经贸委）、相关电力调度机构提供已并网运行发电机组节能发电调度所需参数的实测值和下年度计划并网运行的发电机组节能发电调度所需参数的设计值。

提供的参数须经省级发展改革委（经委、经贸委）或环保部门指定的机构核定，包括但不限于以下内容：发电机组的类别；机组可调出力区间；火电机组供电煤耗；火电机组供电煤耗曲线和煤耗微增曲线；热电联产机组批复的热电比；火电机组启停能耗；水电厂各时期的水库水位限制和水库特性的变化；水电厂的综合利用要求；水电机组的效率曲线和耗水率曲线；机组的开停机时间、停启最小间隔时间、升降负荷速度及机组其它安全运行参数；机组的二氧化硫、烟尘、氮氧化物排放等环保指标；新机组投产计划。

第三十五条 发电机组大修或改造后，发电企业应在一个月内完成参数重测，以书面的形式向省级发展改革委（经委、经贸委）、有关电力调度机构提供经政府有关部门核定的参数。

新建机组并网后 3 个月内，发电企业以书面形式向省级发展改革委（经委、经贸委）、有关电力调度机构提供经核定的实测参数。

第三十六条 如遇法定节假日，信息发布与报送时间顺延。

第四章 信息发布的监管

第三十七条 电力监管机构和政府有关部门工作人员应当遵守保密纪律，保守在监管工作中知悉的国家秘密、商业秘密，指定专人管理节能发电调度信息。

第三十八条 接受节能发电调度信息的单位，应当遵守相关保密制度。

第三十九条 电力监管机构按照本办法对电力企业和电力调度机构发布和报送节能发电调度信息的情况进行监督检查。

电力企业未按照本办法发布和报送信息的，由电力监管机构责令其改正；情节严重的，给予通报批评。

对于重大问题未及时报告、造成严重后果的，对直接负责的主管人员和其他直接责任人员，依法给予处分。

第四十条 电力企业提供或发布虚假信息的，由电力监管机构责令其改正；拒不改正或多次提供虚假信息的，处 5 万元以上 50 万元以下的罚款；构成犯罪的，依法追究刑事责任。

第四十一条 电力监管机构根据工作需要，可以对电力调度机构、电力企业发布和报送的信息资料进行不定期检查。

第四十二条 电力监管机构在核查、检查过程中，电力调度机构、电力企业应予以配合，提供与核查事项有关的文件、资料，并如实回答有关问题。

第四十三条 节能发电调度试点地区省级电力调度机构应

向电力监管机构报送季度、年度节能发电调度情况报告。季度报告应在下一季度首月 20 日前报出，年度报告（快报）应在次年 1 月 20 日前报出。

第四十四条 电力监管机构应定期向各有关单位通报节能发电调度监管信息。对电力调度机构和电力企业违反本办法的行为，电力监管机构可以向社会公布。

第四十五条 当事人如对电力监管机构依据本办法做出的处理决定不服，可以依法申请行政复议或者提起行政诉讼。

第五章　争议处理

第四十六条 电力企业和电力调度机构因节能调度信息发布和提供发生争议时，由电力监管机构依法进行协调和处理。

第四十七条 电力监管机构按照下列程序处理有关争议：

（一）争议方应向电力监管机构提出争议处理申请，说明事实、理由及依据。

（二）依照本办法属于监管范围的争议，电力监管机构应当受理；不属于监管范围的争议，不予受理并说明理由。

（三）电力监管机构受理后，可以进行调查取证。必要时，可聘请与争议各方无利害关系的专家和组织参加调查取证。

（四）电力监管机构应于受理争议申请 30 日内，召集争议方进行协调处理，责令过错方纠正过错行为，积极促使争议各方互相谅解。

第四十八条 电力监管机构协调和处理争议，应当自受理之日起两个月内终结。遇有特殊情况确需延长的，可以适当延长，但延长期不得超过一个月。协调和处理终结后，应当制作协调处理终结书。

第六章　附　则

第四十九条　本办法由国家电监会会同有关部门负责解释。

第五十条　本办法自《节能发电调度办法（试行）》实施之日起执行。

火力发电厂节约能源规定（试行）

能源节能〔1991〕98 号

（1991 年 2 月 5 日能源部发布）

第一章　总　则

第 1 条　我国火力发电厂（以下简称火电厂）所耗燃料在一次能源生产总量中占有很大比重，降低火电厂煤耗对于缓解燃料的供应和促进国民经济的发展有着十分重要的意义。为推动火电厂节能，根据国务院颁发的《节约能源管理暂行条例》及能源部颁发的"《节约能源管理暂行条例》电力工业实施细则（试行）"制订本规定。

第 2 条　为促进火电厂降低煤耗，在发展电力工业的规划和设计中，应大力采用高参数大容量机组，积极发展热电联产，加速对现有中小凝汽机组的改造和严格限制在大电网内新建中小凝汽式机组。

第 3 条 为加强对节能工作领导,各电管局、省电力局(以下简称网、省局)应建立节能办公会议制度或节能领导小组,由主管生产的副局长主持,日常工作由节能办公室或由有关处室设专职人员归口管理。节能领导小组的职责是负责检查监督国家和能源部的节能方针、政策、法规、标准及有关节能指示的贯彻执行;制订本局火电厂节能规划;核定考核火电厂的主要能耗指标;监督节能措施的落实;及时总结经验和分析存在的问题,每季进行一次分析,每年进行一次总结并报部。

第 4 条 火电厂设立节能领导小组,由主管生产的副厂长主持,负责贯彻上级方针政策和落实下达的能耗指标;审定并落实本厂节能规划和措施;协调各部门间的节能工作。

第 5 条 装机容量在 50MW 及以上电厂应设置专职节能工程师。容量 50MW 以下电厂是否设置,根据电厂情况自行决定。

节能工程师职责是:

(1) 在生产副厂长或总工程师领导下工作,负责厂节能领导小组的日常工作;

(2) 协助厂领导组织编制全厂节能规划和年度节能实施计划;

(3) 定期检查节能规划和计划的执行情况并向节能领导小组提出报告;

(4) 对厂内各部门的技术经济指标进行分析和检查,总结经验,针对能源消耗存在的问题,向厂领导提出节能改进意见和措施;

（5）协助厂领导开展节能宣传教育，提高广大职工节能意识，组织节能培训，对节能员工作进行指导；

（6）协助厂领导制定、审定全厂节能奖金的分配办法和方案。

第6条 部属科研院所，各局属电力试验研究所负责火电厂节能技术的开发和试验研究工作，对电厂的节能工作进行技术指导；开展节能监测，对电厂计量装置进行技术监督；开展专业技术培训和节能信息、情报交流。

第二章　基础管理

第7条 火电厂应根据企业上等级标准对能源消耗指标的要求和网、省局下达的综合能耗考核定额及单项经济指标，制订节约能源规划和年度实施计划。

第8条 火电厂能耗是企业经济承包责任制的一个重要组成部分，节能工作应纳入整个电厂的生产经营管理工作中。

第9条 火电厂依靠生产管理机构，充分发挥三级节能网的作用，开展全面的、全员的、全过程的节能管理。要逐项落实节能规划和计划，将项目指标依次分解到各有关部门、值、班组和岗位，认真开展小指标的考核和竞赛，以小指标保证大指标的完成。

第10条 火电厂除发电量、供热量、供电煤耗、厂用电率综合指标以外，还应该根据各厂具体情况，制定、统计、分析和考核以下各项小指标。

锅炉：效率、过热蒸汽汽温汽压、再热蒸汽汽温、排污率、炉烟含氧量、排烟温度、锅炉漏风率、飞灰和灰渣可燃物、煤粉细度合格率、制粉单耗、风机单耗、点火及助燃用油（或天然气）量等。

汽轮机：热耗、真空度、凝汽器端差、凝结水过冷却度、给水温度、给水泵单耗、循环水泵耗电率、高压加热器投入率等。

热网：供热回水率等。

燃料：燃料到货率、检斤率、检质率、亏吨率、索赔率、配煤合格率、煤场结存量、入炉燃料量及低位发热量等。

化学：自用水率、补充水率、汽水损失率、汽水品质合格率等。

热工：热工仪表、热工保护和热工自动的投入率和准确率。

第 11 条 各火电厂要把实际达到的供电煤耗率同设计值和历史最好供电煤耗水平，以及国内外同类型机组最好水平进行比较和分析，找出差距，提出改进措施。如设备和运行条件变化，则由主管局核定供电煤耗水平。其他一些经济指标也要和历史最好水平或合理水平进行比较和分析。

第 12 条 火电厂的供电煤耗应按正平衡法计算，并以此数据上报及考核。

第 13 条 网、省局每季度进行一次所属火电厂大型机组主要运行参数和能耗指标的统计和分析并报部。

第 14 条 能源计量装置的配备和管理按国家和能源部的有关规定和要求执行。能源计量装置的选型、精确度、测量范围和数量，应能满足能源定额管理的需要，并建立校验、使用和维护制度。

第 15 条 火电厂非生产用能要与生产用能严格分开，加强管理，节约使用。非生产用能应进行计量，并按规定收费。

第三章 运 行

第 16 条 运行人员要树立整体节能意识，不断总结操作经验，使各项运行参数达到额定值，以提高全厂经济性。

第 17 条 凡燃烧非单一煤种的火电厂，要落实配煤责任制。可成立以运行副总工程师为首，由运行、燃料、生技等部门参加的燃煤调度小组，根据不同煤种及锅炉设备特性，研究确定掺烧方式和掺烧配比，并通知有关岗位执行。

第 18 条 锅炉司炉要掌握入炉煤的变化，根据煤种煤质分析报告及炉膛燃烧工况，及时调整燃烧，经常检查各项参数与额定值是否符合，如有偏差要分析原因并及时解决。凡影响燃烧调整的各项缺陷，要通知检修，及时消除。要按照规程规定及时做好锅炉的清焦和吹灰工作，以使锅炉经常处于最佳工况下运行。

第 19 条 改善操作技术，努力节约点火用油和助燃用油。燃油锅炉要注意保持燃油加热温度和雾化良好。各网、省局和火电厂应根据各种不同类型的锅炉和运行条件，制定耗油定额，并加强管理，认真考核。

第 20 条 保持汽轮机在最有利的背压下运行，每月进行一次真空严密性试验。当 100MW 及以上机组真空下降速度大于 400Pa/min（3mmHg/min）、100MW 以下机组大于 667Pa/min（5mmHg/min）时，应检查泄漏原因，及时消除。在凝汽器铜管清洁状态和凝汽器真空严密性良好的状况下，绘制不同循环水温度时出力与端差关系曲线，作为运行监视的依据。

第 21 条 加强凝汽器的清洗。通常可采用胶球在运行中连续清洗凝汽器法、运行中停用半组凝汽器轮换清洗法或停机后用高压射流冲洗机逐根管子清洗等方法。

保持凝汽器的胶球清洗装置（包括二次滤网）经常处于良好状态，根据循环水质情况确定运行方式（每天通球清洗的次数和时间），胶球回收率应在 90% 以上。

第 22 条 保持高压加热器的投入率在 95% 以上。要规定和控制高压加热器启停中的温度变化速率，防止温度急剧变化。维持正常运行水位，保持高压加热器旁路阀门的严密性，使给水温度达到相应值。要注意各级加热器的端差和相应抽汽的充分利用，使回热系统处于最经济的运行方式。

第 23 条 加强化学监督，搞好水处理工作，严格执行锅炉定期排污制度，防止锅炉和凝汽器、加热器等受热面以及汽轮机通流部分发生腐蚀、结垢和积盐。

第 24 条 冷水塔应按规定做好检查和维护工作，结合大修进行彻底清理和整修，并应采用高效淋水填料和新型喷溅装置，提高冷却效率。

第 25 条 对各种运行仪表必须加强管理，做到装设齐全，准确可靠。全厂热工自动调节装置的投入率要达到 85% 以上。

对 100MW 及以上大机组的自动燃烧和汽温自动调节装置要考核利用率。

第 26 条 凡 200MW 及以上机组必须配备计算机进行运行监测。积极开发计算机应用程序，参照机组的设计值或热力试验后获得的最佳运行曲线，在运行中使用偏差法和等效热降法，监视分析机组的主要经济指标，及时进行调整，不断降低机组热耗。

第四章　燃料管理

第 27 条 按照国家有关部门规定和上级要求，加强燃料管理，搞好燃料的计划和定点供应、调运验收、收发计量、混配掺烧等项工作。

第 28 条 努力提高计划内燃料到货率，抓好燃料检斤、检质和取样化验工作，对亏吨、亏卡的部分，要会同有关部门索赔追回。

第 29 条 到厂燃料必须逐车（船）计量。装机容量在 200MW 及以上或年耗煤量在 100 万吨及以上经铁路进燃料的电厂，凡条件允许都必须安装使用电子轨道衡并加强维护保养。

第 30 条 维护好电厂的燃料接卸装置，做到按规定的时间和要求将燃料卸完、卸净。

第 31 条 入炉煤必须通过合格的皮带秤计量，并建立实物或实物模型校核制度。

第 32 条 用于煤质化验的煤样，应保证取样的代表性，要使用符合标准要求的机械化自动取样制样装置，并按规程规定进行工业分析。

第 33 条 加强贮煤场的管理，合理分类堆放。对贮存的烟煤、褐煤，要定期测温，采取措施，防止自燃和发热量损失。煤场盘点应每月进行一次。

第五章　设备维修和试验

第 34 条 加强设备管理，搞好设备的检修和维护，坚持"质量第一"的方针，及时消除设备缺陷，努力维持设备的设计效率，使设备长期保持最佳状态。结合设备检修，定期对锅炉受热面、汽轮机通流部分、凝汽器和加热器等设备进行彻底清洗以提高热效率。

第 35 条 通过检修消除七漏（漏汽、漏水、漏油、漏风、漏灰、漏煤、漏热），阀门及结合面的泄漏率应低于千分之三。建立查漏堵漏制度，及时检查和消除锅炉漏风。400 吨/时及以上锅炉漏风率至少每月测试一次，400 吨/时以下锅炉漏风率每季测试一次，并使之不超过规定。

第 36 条 保持热力设备、管道及阀门的保温完好，采用新材料，新工艺，努力降低散热损失。保温效果的检测应列入新机移交生产及大修竣工验收项目，当年没有大修任务的设备也必须检测一次。当周围环境为 25℃ 时，保温层表面温度不得超过 50℃。

第 37 条 做好制粉系统的维护工作。通过测试得出钢球磨煤机的最佳钢球装载量以及按制粉量的补球数量，定期补加和定期筛选钢球。中速磨和风扇磨的耐磨部件应推广应用特殊耐磨合金钢铸造，以延长其使用寿命。

第38条 火电厂应加强热力试验工作，建立健全试验组织，充实试验人员和设备。要进行机炉设备大修前后的热效率试验及各种特殊项目的试验，作为设备改进的依据和评价；进行主要辅机的性能试验，提供监督曲线以及经济调度的资料和依据；参与新机组的性能验收试验，了解设备性能，提供验收意见。

第39条 应定期进行能量平衡的测试工作。能量平衡测试时，单元制锅炉—汽轮发电机组需同时进行测试，但不限定全厂所有机组同时进行。能量平衡测试工作，应至少每五年一次，其内容包括燃料、汽水、电量、热量平衡，并进行煤耗率、厂用电率及其影响因素分析。

第40条 锅炉应进行优化燃烧调整试验，对煤粉细度及其分配均匀性、一次、二次风配比及总风量，炉膛火焰中心位置，磨煤机运行方式等进行调整试验，制订出针对常用炉前煤种在各种负荷下的优化运行方案。

第六章 技术革新和技术改造

第41条 不断进行技术革新、采用先进技术是提高电力生产经济性的重要途径。对行之有效的节能措施和成熟经验，要积极推广应用。各火电厂应认真逐台分析现有设备的运行状况，有针对性地编制中长期节能技术革新和技术改造规划，按年度计划实施，以保证节能总目标的实现。

第 42 条　火电厂对节能技术改造所需资金应优先安排，要提取一定比例的折旧基金和留成中的生产发展基金，用于节能技术改造。

第 43 条　加强大机组的完善化，提高其等效可用系数；增强调峰能力，提高机组效率。对于重大节能改造项目，要进行技术可行性研究，认真制订设计方案，落实施工措施，有计划地结合设备检修进行施工，并及时对改造后的效果作出考核评价。

第 44 条　对于再热汽温偏低的锅炉，应结合常用煤种的化学及物理性能，对照锅炉设计加以校核，进行有针对性的技术改造或进行全面的燃烧调整试验加以解决。

第 45 条　保持炉膛及尾部受热面清洁，提高传热效率，安装并正常使用吹灰器，加强维护。对于质量差的长管吹灰器，应更换为合格的合金钢吹灰管枪。

第 46 条　锅炉加装预燃室和采用新型燃烧器。应根据燃煤品种、炉型结构和负荷变化幅度，选用合适的预燃室和燃烧器，以提高锅炉低负荷时的燃烧稳定性，增加调峰能力，降低助燃和点火用油的消耗。

第 47 条　减少回转式空气预热器的漏风。结合检修，对现有风罩式回转空气预热器各部间隙进行调整和消缺，并加强维护和运行管理。对结构不合理、通过检修仍不能解决严重漏风问题的，要有计划地结合大修进行改造或更换。

第 48 条　保持锅炉炉顶及炉墙的严密性，采用新材料、新工艺或改造原有结构，解决漏风问题。

第49条 改造低效给水泵。采用新型叶轮、导流部件及密封装置，以提高给水泵效率。

第50条 对国产200MW机组，经过研究核算，有足够的汽源供应时，可将电动给水泵改为汽动给水泵。

第51条 针对大机组在电网中带变动负荷的需要，将定速给水泵改为变速给水泵，或在原有定速给水泵上加装变速装置。

第52条 对大型锅炉的送风机、引风机，在可能条件下，加装变速装置或将电动机改造为双速。

第53条 对与制粉系统运行参数不相配合的粗、细粉分离器进行改造，以充分发挥磨煤机的潜力，降低制粉单耗。

第54条 改造汽轮机通流部分。精修通流部件，提高流道圆滑性，改善调速汽门重叠度，减少节流损失，同时采取改造汽封结构等措施，降低汽轮机热耗。

第55条 改造结构不合理、效率低的抽气器。如将国产汽轮机的单管短喉部射水抽气器改为新型高效抽气器或回转式真空泵。

第56条 对循环水泵特性进行测试，对效率偏低或参数与冷却水系统不相匹配的水泵进行有针对性的技术改造。

第57条 对运行小时较高的辅机配套的老式电动机，应结合检修，应用磁性槽泥或磁性槽楔等技术，有计划分步骤地改造为节能型电动机。

第58条 加速对中低压凝汽机组退役、报废和改造。除新建高参数大容量机组替代一些没有改造价值必须报废的机组外，对那些设备状况较好、附近又有较稳定热负荷的中低压凝汽机组，应改造为蒸汽供热或循环水供热机组。

第七章　经济调度

第 59 条　电网调度要在保证电网安全的前提下，以最合理的运行方式，取得全网最佳经济效益。按照等微增和合理利用水电的原则，正确安排水、火电厂运行方式。要努力提高全网高参数大容量机组的发电比例，减少中小机组和烧油机组的发电比例并发挥其调峰作用。

第 60 条　各火电厂要按电网调度要求和等微增准则，确定本厂和机组运行方式，进行电、热负荷的合理分配，使全厂经济运行。

第 61 条　通过试验编制主要辅机运行特性曲线，在运行中特别是低负荷运行时，对辅机进行经济调度。

第 62 条　供热机组的电负荷高于热负荷相对应的数值时，超出部分应按凝汽工况参加调度。

第八章　节约用水

第 63 条　火电厂要加强用水的定额管理和考核，采取有效措施，千方百计节约用水。要进行水的计量，根据厂区水量和水质条件进行全厂的水量平衡，并以此为准进行运行控制和调整。

第 64 条 对于闭式循环冷却系统，要采取防止结垢和腐蚀的措施，并根据厂区供水水质条件，经过计算，制订出经济合理的循环水浓缩倍率范围。

第 65 条 采用干式除尘器的火电厂，粉煤灰应尽量干除，并积极扩大综合利用途径；在缺水地区推广干灰调湿堆贮工艺，减少水冲灰量。

采用水冲灰的火电厂要根据排灰量调整冲灰水量，在保证灰水流速的条件下，使灰水比维持在以下范围：

高浓度灰浆泵出灰系统 1：3.0 左右

普通灰浆泵出灰系统 1：10 左右

第 66 条 在缺水地区，要回收冲灰水及冲渣水、水内冷发电机的冷却水、轴瓦的冷却水及盘根的密封水，使之重复利用。若冲灰水属于结垢型，要采取有效的防垢措施。冷却塔要加装高效除水器，减少水的飞散损失。

第 67 条 要减少各种汽、水损失，合理降低排污率。做好机、炉等热力设备的疏水、排污及启、停时的排汽和放水的回收。火电厂各项正常汽、水损失率（不包括锅炉排污，机组起动或因事故而增加的汽、水损失，以及供热与燃油用汽的不回收部分），应达到以下标准：

200MW 及以上机组不大于锅炉额定蒸发量的 1.5%

200MW 以下至 100MW 机组不大于锅炉额定蒸发量的 2.0%

100MW 以下机组不大于锅炉额定蒸发量的 3.0%

严格控制非生产用汽和注意回收凝结水，并单独计量，防止浪费。

第68条 热电厂要加强供热管理，与用户协作，采取积极措施，按设计（或协议）规定数量返回合格的供热回水。

第九章 培 训

第69条 网、省局和火电厂要经常广泛开展节能的宣传和教育，提高广大职工的节能意识，发扬点滴节约精神，千方百计杜绝各个环节的能源浪费。

第70条 网、省局和火电厂要制订节能管理人员和生产工人的培训制度，开办各种层次的培训班，有计划地轮训各级干部、节能工程师和节能人员。

第71条 节能培训内容包括全面节能管理、能量平衡分析、热力经济分析和计算、效率监控方法、主辅机经济调度和节能技术等。不同层次的培训班可选择不同的内容和深度。

第72条 加强信息交流和节能工作经验交流，推广现代化节能管理方法、节能技术改造和行之有效的节能措施。

第十章 奖 惩

第73条 加强思想政治工作，以调动广大职工开展节能活动的积极性，对节能工作采取精神鼓励与物质奖励相结合的原则，做到节约有奖，浪费当罚。

第74条 根据国家和能源部的规定，对火电厂节约煤、油、电、水实行节能奖。

第 75 条 节能奖按照定额进行考核。

网、省局的供电煤耗定额由能源部核定，火电厂的供电煤耗定额由网、省局核定，并制订出相应的考核管理办法实行奖惩。

第 76 条 节能奖由主管局统一分配，各级节能管理部门要负责管好、用好，主要发给与节能工作有关的单位和个人，防止平均主义。火电厂节能奖的 30%—40% 必须用于奖励节能效果显著、对节能工作贡献大的单位和个人。

第 77 条 火电厂应积极开展小指标竞赛和合理化建议活动，表彰先进，促进节能工作广泛、深入发展，不断降低能耗。

第 78 条 能源部、网省局对节能工作有突出贡献的单位和个人，给以表彰；对长期完不成节能任务的，予以通报批评。

第十一章　附　则

第 79 条 本《规定》由能源部负责解释。

第 80 条 本《规定》自颁发之日起施行。

交通运输节能减排专项资金
管理暂行办法

财政部 交通运输部关于印发《交通运输节能
减排专项资金管理暂行办法》的通知
财建〔2011〕374号

各省、自治区、直辖市、计划单列市财政厅（局）、交通运输厅（局），天津市市政公路管理局、上海市城乡建设和交通委员会：

经国务院批准，"十二五"期间中央财政从一般预算资金和车辆购置税交通专项资金中安排适当资金用于支持公路水路交通运输节能减排。为规范资金管理，提高资金使用效益，根据《中华人民共和国节约能源法》和国家现行财政财务法规制度，结合交通运输节能减排工作实际，特制定《交通运输节能减排专项资金管理暂行办法》。现印发给你们，请遵照执行。

财政部 交通运输部
二〇一一年六月二十日

第一章 总 则

第一条 为加强交通运输节能减排专项资金管理，提高资金使用效益，促进交通运输节能减排工作的顺利开展，根据《中华人民共和国节约能源法》和国家现行财政财务法规制度，结合交通运输节能减排工作实际，制定本办法。

第二条 本办法所称交通运输节能减排专项资金（以下简称：专项资金），是指中央财政从一般预算资金（含车辆购置税交通专项资金）中安排用于支持公路水路交通运输节能减排项目实施的资金。

第三条 专项资金的使用和管理应坚持以下原则：

（一）科学定位。发挥市场对资源配置的基础性作用，专项资金主要用于初期投资效益不明显，但社会效益明显、公益性较强或国家发展战略重点支持的节能减排项目；

（二）统筹安排。按照国务院统一部署和公路水路交通运输节能减排专项规划的总体要求，循序渐进，突出重点，确保实效，逐步有序推进项目的实施；

（三）合理使用。符合公开、公平、公正的办事程序，保证专款专用，资金使用情况和效果以适当形式予以公开，接受国家有关部门和社会监督。

第四条 专项资金纳入财政预算管理。

第二章 专项资金支持范围和方式

第五条 专项资金支持的对象是开展公路水路交通运输

节能减排工作的企事业单位，重点是国务院文件和公路水路交通运输节能减排专项规划确定的重点项目实施单位和参加"车、船、路、港"千家企业低碳交通运输专项行动的企事业单位。

第六条 专项资金重点用于支持公路水路交通运输行业推广应用节能减排新机制、新技术、新工艺、新产品的开发和应用，确保完成国家公路水路交通运输节能减排规划安排的重点任务和重点工程。

第七条 专项资金的使用原则上采取以奖代补方式，由财政部、交通运输部根据项目性质、投资总额、实际节能减排量以及产生的社会效益等综合测算确定补助额度。

（一）对节能减排量可以量化的项目，奖励资金原则上与节能减排量挂钩，对完成节能减排量目标的项目承担单位给予一次性奖励。根据年节能量按每吨标准煤不超过 600 元或采用替代燃料的按被替代燃料每吨标准油不超过 2000 元给予奖励，对单个项目的补助原则上不超过 1000 万元。

节能减排量的核定采取单位报告、经第三方机构审核、交通运输部、财政部核定的方式。

（二）对于节能减排量难以量化的项目，可按投资额的一定比例核定补助额度，补助比例原则上不超过设备购置费或项目建筑安装费的 20%；对单个项目的补助额度原则上不超过 1000 万元；

第八条 对已享受中央财政其他节能减排资金支持的项目，专项资金原则上不再安排补助。

第九条 交通运输部所需的工作经费从专项资金中安排，用于有关的项目评审、审核备案、监督检查等工作，工作经费不超过当年专项资金总额的 1%，列入交通运输部部门预算。

第三章　专项资金的申请、审核与拨付

第十条 交通运输部、财政部根据国务院统一部署和公路水路交通运输节能减排专项规划确定的重点任务、重点工程以及交通运输部年度节能减排重点工作，发布年度节能减排重点支持项目申请指南。

第十一条 专项资金的申请条件：

（一）申请单位应具有独立法人资格；

（二）申请单位管理规范，具有健全的财务管理制度；

（三）申请单位能源管理机构健全，具有完善的能源计量、统计和管理体系；

（四）申请项目符合年度节能减排重点支持项目申请指南明确的支持范围；

（五）项目实施完成后，具有明显的节能减排效果或对交通运输节能减排有明显的促进作用；

（六）申请项目符合国家有关规定。

第十二条 节能减排量作为专项资金安排的重要依据，须经第三方机构进行节能减排量审核。由交通运输部根据国家有关要求制定第三方机构认定办法并依据办法规定公布机构名单，项目承担单位在公布的第三方机构名单中选择审核机构。

第十三条 符合申请条件的项目，项目承担单位按照项目指南的有关要求填报材料，连同第三方机构出具的项目节能减排量审核意见，报所在省（自治区、直辖市、计划单列市）［以下简称：省（市）］交通运输主管部门进行初审。各省（市）交通运输部门审核汇总后，会同同级财政主管部门报交通运输部、财政部。

第十四条 交通运输部对申请材料进行审核，提出专项资金支持项目建议，报财政部审核。

第十五条 财政部对专项资金项目进行审核后，将专项资金下达有关省（市）财政主管部门，同时抄送交通运输部。各省（市）财政主管部门应及时将专项资金拨付到项目承担单位，具体资金支付按照财政国库管理制度有关规定执行。

第四章 专项资金的监督管理

第十六条 各级财政、交通运输部门要切实加强对专项资金使用的监督管理，建立健全专项资金绩效评价制度，并将绩效评价结果作为专项资金安排的重要依据。

第十七条 第三方机构对出具的节能减排量审核报告负责，对出具虚假节能减排量审核报告的第三方机构，将取消其审核资格，情节严重的将依法追究法律责任。

第十八条 对专项资金的使用情况，由财政部、交通运输部组织重点抽查，对违反规定截留、挪用、骗取资金的，将严格按照《中华人民共和国预算法》和《财政违法行为处罚处分条例》（国务院令第 427 号）及相关法规予以处理。

第五章　附　则

第十九条　中央直属企业单位资金申请程序参照本办法执行；交通运输部直属事业单位资金申请程序按照部门预算管理规定执行。

第二十条　本办法自发布之日起执行。

第二十一条　本办法由财政部会同交通运输部负责解释。

煤矸石综合利用管理办法

中华人民共和国国家发展和改革委员会

中华人民共和国科学技术部

中华人民共和国工业和信息化部

中华人民共和国财政部

中华人民共和国国土资源部

中华人民共和国环境保护部

中华人民共和国住房和城乡建设部

国家税务总局

国家质量监督检验检疫总局

国家安全生产监督管理总局令

第 18 号

为引导和规范煤矸石综合利用行为，减少其对土地资源占用和环境影响，促进循环经济发展，推进生态文明建设。我们对《煤矸石综合利用管理办法》进行了修订，现予发布，自 2015 年 3 月 1 日起施行。
1998 年原国家经贸委等八部门联合发布的《煤矸石综
合利用管理办法》（国经贸资〔1998〕80 号）同时
废止。

国家发展改革委主任

科技部部长

工业和信息化部部长

财政部部长

国土资源部部长

环境保护部部长

住房城乡建设部部长

税务总局局长

质检总局局长

安全监管总局局长

2014 年 12 月 22 日

第一章 总 则

第一条 为深入推进煤矸石综合利用健康有序发展，发展
循环经济，减少其对土地资源占用和环境影响，提高资源利用
效率，促进煤矿安全生产，根据《清洁生产促进法》、《固体废
物污染环境防治法》、《循环经济促进法》、《煤炭法》等法律，
制定本办法。

第二条　中华人民共和国境内对煤矸石综合利用的管理活动，适用本办法。本办法所称煤矸石，是指煤矿在开拓掘进、采煤和煤炭洗选等生产过程中排出的含碳岩石，是煤矿生产过程中的废弃物。本办法所称煤矸石综合利用，是指利用煤矸石进行井下充填、发电、生产建筑材料、回收矿产品、制取化工产品、筑路、土地复垦等。

第三条　煤矸石综合利用应当坚持减少排放和扩大利用相结合，实行就近利用、分类利用、大宗利用、高附加值利用，提升技术水平，实现经济效益、社会效益和环境效益有机统一，加强全过程管理，提高煤矸石利用量和利用率。

第二章　综合管理

第四条　国家发展改革委会同科技部、工业和信息化部、财政部、国土资源部、环境保护部、住房城乡建设部、税务总局、质检总局、安全监管总局、能源局、煤矿安监局等负责起草、拟订、发布煤矸石综合利用相关规划、产业和扶持政策、技术规范等，并在各自职责范围内开展煤矸石综合利用管理工作。

第五条　省、自治区、直辖市人民政府资源综合利用主管部门负责本办法的贯彻实施，以及本行政区域内煤矸石综合利用活动的监督、管理和协调工作。省、自治区、直辖市人民政府其他相关部门在各自职责范围内支持配合煤矸石综合利用工作。

第六条 设区的市级环境保护部门、资源综合利用主管部门会同煤炭行业管理部门负责统计和发布本地区煤矸石产生、贮存、流向、利用、处置等数据信息。省、自治区、直辖市环境保护部门和资源综合利用主管部门应于每年 3 月底前，将本地区上年度统计数据报环境保护部、国家发展改革委。

第七条 有关行业协会、社会中介组织要积极发挥在技术指导、市场推广和信息咨询服务等方面的作用，加强行业自律。

第八条 主要产煤省份（内蒙古、山西、陕西、河南、山东、新疆、贵州、安徽、云南等）资源综合利用主管部门，要会同有关部门根据煤炭工业发展规划、矿区总体规划和矿产资源规划等组织编制本行政区域煤矸石综合利用发展规划（或实施方案），并将控制煤矸石利用碳排放纳入当地控制温室气体排放总体工作方案（或低碳发展规划）。

第九条 煤炭开发项目（包括选煤厂项目）的项目核准申请报告中资源开发及综合利用分析篇章中须包括煤矸石综合利用和治理方案，明确煤矸石综合利用途径和处置方式。对未提供煤矸石综合利用方案的煤炭开发项目，有关主管部门不得予以核准。煤矸石综合利用方案中涉及煤矸石产生单位自行建设的工程，要与煤矿（选煤厂）工程同时设计、同时施工、同时投产使用；涉及为其他单位提供煤矸石的工程，煤矸石利用单位应当具备符合国家产业政策和环境保护要求的生产与处置能力。

第十条 新建（改扩建）煤矿及选煤厂应节约土地、防止环境污染，禁止建设永久性煤矸石堆放场（库）。确需建设临时性堆放场（库）的，其占地规模应当与煤炭生产和洗选加工能力相匹配，原则上占地规模按不超过3年储矸量设计，且必须有后续综合利用方案。煤矸石临时性堆放场（库）选址、设计、建设及运行管理应当符合《一般工业固体废物贮存、处置场污染控制标准》、《煤炭工程项目建设用地指标》等相关要求。

第十一条 煤炭生产企业要因地制宜，采用合理的开采方式，煤炭和耕地复合度高的地区应当采用煤矸石井下充填开采技术，其他具备条件的地区也要优先和积极推广应用此项技术，有效控制地面沉陷、损毁耕地，减少煤矸石排放量。煤炭行业主管部门会同国土资源主管部门制订煤矸石井下充填开采技术标准体系，编制煤矸石井下充填开采方案。

第十二条 利用煤矸石进行土地复垦时，应严格按照《土地复垦条例》和国土、环境保护等相关部门出台的有关规定执行，遵守相关技术规范、质量控制标准和环保要求。

第十三条 煤矸石发电项目应当按照国家有关部门低热值煤发电项目规定进行规划建设，煤矸石使用量不低于入炉燃料的60%（重量比），且收到基低位发热量不低于5020千焦（1200千卡）/千克，应根据煤矸石资源量合理配备循环流化床锅炉及发电机组，并在煤矸石的使用环节配备准确可靠的计量器具。鼓励能量梯级利用，满足周边用户热（冷）负荷需要。对申报资源综合利用认定的发电项目（机组），其入炉混合燃料收到基低位发热量应不高于12550千焦（3000千卡）/千克。

第十四条 煤矸石综合利用要符合国家环境保护相关规定，达标排放。煤矸石发电企业应严格执行《火电厂大气污染物排放标准》等相关标准规定的限值要求和总量控制要求，应建立环保设施管理制度，并实行专人负责；发电机组烟气系统必须安装烟气自动在线监控装置，并符合《固定污染源烟气排放连续监测技术规范》要求，同时保留好完整的脱硫脱硝除尘系统数据，且保存一年以上；煤矸石发电产生的粉煤灰、脱硫石膏、废烟气脱硝催化剂等固体废弃物应按照有关规定进行综合利用和妥善处置。

第十五条 煤矸石产生单位应对既有的煤矸石堆场（库）的安全和环保负责，应制定治理方案，明确整改期限，采取有效综合利用措施消纳煤矸石、消除矸石山；对确难以综合利用的，须采取安全环保措施，并进行无害化处置，按照矿山生态环境保护与恢复治理技术规范等要求进行煤矸石堆场的生态保护与修复，防治煤矸石自燃对大气及周边环境的污染，鼓励对煤矸石山进行植被绿化。

第十六条 下列产品和工程项目，应当符合国家或行业有关质量、环境、节能和安全标准：

（一）利用煤矸石生产的建筑材料或其他与煤矸石综合利用相关的产品；

（二）煤矸石井下充填置换工程；

（三）利用煤矸石或制品的建筑、道路等工程；

（四）其他与煤矸石综合利用相关的工程项目。

第三章 鼓励措施

第十七条 国家鼓励煤矸石大宗利用和高附加值利用：

（一）煤矸石井下充填；

（二）煤矸石循环流化床发电和热电联产；

（三）煤矸石生产建筑材料；

（四）从煤矸石中回收矿产品；

（五）煤矸石土地复垦及矸石山生态环境恢复；

（六）其他大宗、高附加值利用方式。

第十八条 通过国家科技计划（基金、专项）等对煤矸石高附加值利用关键共性技术的自主创新研究和产业化推广给予一定支持。

第十九条 煤矸石利用单位可按照《国家鼓励的资源综合利用认定管理办法》有关要求和程序申报资源综合利用认定。符合条件的，可根据国家有关规定申请享受并网运行、财税等资源综合利用鼓励扶持政策。对符合燃煤发电机组环保电价及环保设施运行管理的煤矸石综合利用发电（含热电联产）企业，可享受环保电价政策。

第二十条 对符合国家或行业质量标准的煤矸石及其制品，设计、施工单位应在设计、建筑施工中优先选用。

第二十一条 各级资源综合利用主管部门应会同相关部门，根据本地区实际情况制定相应的引导、扶持、监管措施。

第四章 监督检查

第二十二条 煤炭开发项目（包括选煤厂项目）正式运行后，煤矸石综合利用未按照项目核准申请报告中的综合利用方案实施的，项目核准部门应监督其限期整改，整改合格后方可进行综合验收。

第二十三条 违反本办法第十条规定，新建（改扩建）煤矿或煤炭洗选企业建设永久性煤矸石堆场的或不符合《煤炭工程项目建设用地指标》要求的，由国土资源等部门监督其限期整改。违反本办法第十条、第十二条、第十四条、第十六条有关规定对环境造成污染的，由环境保护部门依法处罚；煤矸石发电企业超标排放的，由所在地价格主管部门依据环境保护部门提供的环保设施运行情况，按照燃煤发电机组环保电价及环保设施运行监管办法有关规定罚没其环保电价款，同时环境保护部门每年向社会公告不达标企业名单。违反本办法第十六条（一）项的，由质量技术监督部门依据《产品质量法》进行处罚；违反本办法第十五条、第十六条（二）（三）（四）项造成安全事故的，由安监部门依据有关规定进行处罚。

对达不到本办法第十三条、第十四条、第十五条、第十六条规定，弄虚作假、不符合质量标准和安全要求、超标排放的，有关部门应及时取消其享受国家相关鼓励扶持政策资格，并限期整改；对已享受国家鼓励扶持政策的，将按照有关法律和相关规定予以处罚和追缴。

第二十四条 任何单位和个人在煤矸石堆场取矸时，要明确安全责任主体，制定安全技术措施，不得影响煤矿生产安全，造成财产损失或引发生产安全事故的，安全监管等部门要依法追究相关单位和人员责任。

第二十五条 对获得国家和地方资金支持的煤矸石综合利

用项目，所在地区科技、投资、环保等部门应当对项目进展、资金使用、环境影响情况进行监督检查，并进行资源综合利用效果的后评估。

第五章　附　则

第二十六条　本办法自 2015 年 3 月 1 日起施行。原国家经贸委等八部门联合发布的《煤矸石综合利用管理办法》（国经贸资〔1998〕80 号）同时废止。